오스만제국

지중해의 세 번째 패자

차례
Contents

03 머리말 04 오스만 투르크족의 흥기 20 비잔틴제국 정복 이후의 오스만제국 44 오스만제국의 정치제도와 군사제도 56 쇠퇴하는 오스만제국 78 오스만제국의 해체와 터키공화국으로 변천

머리말

오늘날 기독교 문명권과 이슬람교 문명권의 섬멸적 충돌을 우려하는 소리가 높아지고 있지만 7세기 말 8세기 초로 거슬러 올라가는 두 문명권 사이의 충돌의 역사를 이야기할 때 빼놓을 수 없는 것이 오스만제국일 것이다.

1453년에 비잔틴제국을 정복한 이슬람교 오스만제국은 발칸반도의 대부분과 북아프리카 일대를 장악함으로써 서지중해의 유럽 쪽 일부 해안을 제외한 지중해 세계를 지배했다. 오스만제국은 로마제국과 이슬람제국을 이은 지중해 세계의 세 번째 패자일 것이다. 중요성에도 불구하고 고대 지중해 세계의 역사나 근·현대 유럽의 역사에 비해 접할 기회가 비교적 적은 편이었던 오스만제국의 역사를 살펴보자.

오스만 투르크족의 흥기

셀주크 투르크족에서 오스만 투르크족으로

소아시아는 동양과 서양을 이어 주는 경계 지점인 데다 동지중해와 흑해를 끼고 있어서 민족의 이동이 잦았으며, 또한 경쟁하는 세력들 사이에 충돌이 끊이지 않았다. 11세기 이후만 하더라도 소아시아는 셀주크 투르크족, 십자군운동으로 대변되는 유럽의 기독교 세력, 몽골족, 오스만 투르크족 등이 세력을 떨치고 서로 충돌하는 매우 혼란한 지역이었다.

성지 예루살렘을 점령해 기독교도를 박해하고 성지순례를 방해해 유럽 기독교 세계에 십자군전쟁을 일으킬 빌미를 제공한 셀주크 투르크족은 십자군전쟁 이후 쇠퇴했다. 셀주크는,

1101년 프랑스군과의 싸움이나 1178년 비잔틴군과의 싸움에서 승리를 거두기도 했으나, 1097년에 1차 십자군과 벌인 첫 싸움에서 패한 이래 여러 차례 전투에서 십자군에 패했다. 하지만 십자군원정은 그들에게 치명적인 손상을 주지 못한 것으로 평가된다. 물론 십자군은 셀주크 투르크족의 국력을 소모하게 만들어 국가적 통일을 다지고 영토를 넓히는 일에 매진할 수 없게 했지만 그들을 멸망으로 이끌 만큼 치명적인 타격을 주지는 못했다. 셀주크 투르크족을 몰락으로 이끈 것은 오히려 내분과 몽골족의 침략이었다.

십자군과의 싸움으로 약해진 셀주크 투르크족은 다시 내분에 시달렸다. 1239년에 일어난 대규모 반란은 다음해에 진압되었으나, 그 상처가 아물기도 전인 1242년에 아제르바이잔 쪽에서 침공해온 몽골족과의 싸움에서 대패했다(쾨세다으전투). 1256년에 다시 몽골군에 진 셀주크 투르크족은 결국 몽골에 예속되어 역사의 무대에서 사라졌다.

셀주크 투르크족이 몽골족에 예속된 이후 13세기 말 무렵의 소아시아와 그 주변 지역은 투르크족 소小부족들의 할거지가 되었다. 오스만제국의 개창자로 인정받는 오스만가家의 오스만(오트만) 1세가 지배한 오스만 투르크족도 그중 하나였다. '오스만'이란 이름은 오스만 1세에서 유래했다. 이즈닉(니케아)에서 남쪽으로 45마일 거리인 북서 소아시아의 작은 도시 수구트가 당시 그들의 근거지였다. 그 무렵 서부 소아시아 내륙에는 게르미안과 카라만, 서부 소아시아 해안에는 멘테세, 아이든, 사루한 등의 투르크족 토후국들이 있었다. 규모가 작았던 오스만족의 근거지 수구트는 마르마라해로 진출할 수 있는 요충지 부르사에서 멀지 않았다.

중앙아시아의 초원 지대로부터 이주해 온 투르크족 부족들은 대개 유목 생활로 단련된 젊은이들을 중심으로 강력한 군사력을 보유했다. 셀주크 투르크족이 소아시아와 팔레스타인의 주인으로 군림할 때 투르크족의 젊은 전사들은 술탄의 군대에 들어가 비정규적 기병으로 활약했다.

오스만족은 다른 부족들과 경쟁도 해야 했고, 비잔틴제국과 국경이 닿아 있었으므로 처음부터 강력한 군사력을 유지해야 했다. 현명한 지배자로 알려진 오스만 1세(재위 1299~1326)는 북서 소아시아의 비잔틴제국령을 침탈해 영역을 확대했다. 오스만 군대는 1326년에는 마르마라해에 이르는 관문인 부르사를 장악했다. 거기다 오스만은 융화 정책을 펴서 많은 비非무슬림계 주민들의 지지를 이끌어 내는 데 성공했다.

오스만 투르크족뿐만 아니라 소아시아 투르크족 토후국들 또한 1300년 전후에 새로운 땅을 찾아 소아시아 해안으로 진출하려고 했다. 멘테세도 그중 하나였다. 하지만 멘테세는 유럽의 성존(St. John)기사단이 1308년에 로도스를 차지한 뒤 에게해로 진출하는 데 적지 않은 견제를 받았다. 성존기사단이 비잔틴제국에서 빼앗은 로도스는 소아시아의 서남 해안과 가깝다. 소아시아의 서부 해안에 자리 잡은 아이든 또한 십자군 함대가 소아시아 해안의 요충지 이즈미르를 장악해(1344) 에게

해로 진출하는 데 어려움을 겪었다. 내륙의 투르크족 토후국들 중 카라만은 킬리키아의 기독교계 왕국과 그 주변 지역을 공격해 영역을 꽤 확장했지만, 나머지 토후국들은 영역을 넓히지 못했다. 카라만은 오스만제국이 14~15세기에 본격적으로 소아시아로 진출할 때 줄곧 방해 세력의 중심 역할을 했다.

오스만제국의 성장

오스만제국이 침탈한 소아시아 해안과 그 배후지는 당시 비잔틴제국의 땅이었고 비잔티움 북쪽 발칸반도의 넓은 지역 또한 기독교 세계였다. 하지만 오스만 투르크족은 줄곧 소아시아의 서쪽으로 밀고 들어갔다. 비잔틴제국의 소아시아 해안 영역에서는 기독교도와 무슬림들이 지속적으로 싸웠고, 오스만제국은 소아시아를 점차 자국의 땅으로 만들어갔다.

오스만제국은 그처럼 국력을 신장시켰을 뿐만 아니라 강력한 중앙집권국으로 발전해 나갔다. 하지만 다른 투르크족 토후국들은 대개 1인 지배 체제보다는 가족 지배 체제에 의존했고, 따라서 지배 가문 내에서의 잦은 권력투쟁에 시달려야 했다. 사실 투르크족의 전통에서 정치적 힘은 개인보다는 가족에 있었다.

한편 오스만제국이 빠르게 성장하자 다른 토후국의 전사들은 오스만제국의 깃발 아래로 모여들었고, 그 결과 투르크족 집단 사이의 세력 균형이 무너졌다. 투르크족의 새로운 구심

체로 성장하고 있는 오스만제국의 전사가 되면 자신들의 토후국에서는 기대할 수 없는 기회, 곧 자신들의 전사적 기질인 '가자'의 이상을 발휘해 물질적 보상도 받고, 또한 무슬림의 의무인 '지하드'도 수행할 수 있는 기회를 얻었던 것이다. 그리하여 다른 토후국들은 점차 약해진 데 반해 신생 오스만제국은 더 큰 세력으로 성장할 수 있는 기회를 잡을 수 있었다.

오스만제국이 소아시아 북서쪽으로 팽창한 것이 처음부터 빠르고 장엄하게 진행된 것은 아니었다. 초기의 오스만은 포위 공격에 필요한 기술이 부족했기 때문에 인구 밀집지역을 정면으로 공격하지 못했고, 따라서 흔히 장기전으로 발전하는 봉쇄 작전에 의지했다. 오르칸(재위 1326~1360)은 1331년에 이즈닉을, 1337년에 이즈미르를 정복했다. 1335~1345년 사이에는 서부 소아시아 해안의 작은 토후국 카라시를 병합했는데, 이로 인해 제국은 소아시아의 북서쪽 지역도 통제할 수 있었다.

제국 초기 흥기의 배경

오스만제국은 초기부터 비잔틴제국을 압박하면서 소아시아 서쪽 해안으로 영토를 넓혀 갔다. 물론 비잔틴제국이 십자군의 침공을 받아 수도가 함락되는 등 이름뿐인 제국으로 전락한 것도 오스만제국을 도왔다. 그러나 오스만제국이 비잔틴제국으로부터 소아시아를 빼앗을 수 있었고, 나중에 발칸반도,

중동 지역, 북아프리카에 걸치는 대제국을 건설할 수 있게 만든 원동력은 주로 '가자'와 성전 의식이었다.

가자와 가지스

'가자ghaza'는 소아시아에서 활동한 투르크족의 약탈 원정대를 가리키고, '가지스ghazis'는 그 원정대의 전사를 뜻하는 투르크어다. 오스만 1세와 다른 투르크족 지도자들도 당연히 가지스들이었다. 완전히 일치하지는 않지만 '가자와 가지스' 관계는 로마세국 영토 안으로 침략해 들어오기 이전 원시 게르만족의 약탈 전사 집단 코미타투스comitatus의 '주군主君과 종사從士' 관계와 비슷했다. 게르만족의 주군은 전사들을 지휘해 생계 수단을 보장해 주고, 전사(종사)들은 주군을 중심으로 뭉쳐 싸웠다. 투르크족의 전사 가지스도 가자 조직의 한 구성원으로 가자의 지도자 가지스를 중심으로 결속해 싸우는 것이 곧 생활이요 생업이었던 것이다. 양자 사이에 다른 점이 있다면, 게르만족 전사들에게는 종교적 동기가 없었는데 반해 이슬람교 전사인 가지스에게는 종교적 동기도 작용했다는 것이다. 투르크족 지배자들과 그들의 전사들은 물질은 물론 신앙을 위해 싸운 가지스였다.

투르크족 전사 가지스는 초기에는 비잔틴제국의 소아시아 지역 기독교 지배자들과 싸웠고, 그 후에는 발칸반도와 지중해 세계 각지에서 기독교도와 싸웠다. 가지스는 달마티아-보스니아-헝가리-흑해에 이르는 지역으로 그들의 전선이 확대되었을 때에도 이전에 보여주었던 가자의 이상을 잃지 않았다.

전사 조직 코미타투스가 원시 게르만족의 생활을 지배했듯이 가자는 투르크인들의 생활을 지배했다. 가자는 주로 변경지대에 사는 무슬림 전사들의 조직이었지만, 투르크족의 조직 자체가 전사 조직이었고 그들이 주로 전쟁을 통해 생활공간과 생계 수단을 얻었기 때문에 가자의 문화가 자연스럽게 투르크족의 문화를 형성하는 요소가 되었다.

성전(jihad)

오스만 투르크족이 대제국을 건설하고 보전할 수 있게 한 또 하나의 자원은 성전의식이었다. 알라를 위한 것이라면 전쟁도 가리지 않았던 무슬림들에게 '알라를 위한 전쟁'은 곧 성전이었다. 성전의식은 아랍-이슬람 세계에만 한정된 것은 아니었다. 소아시아와 중동 지역으로 진출한 이후 이슬람교에 귀의해 무슬림이 된 투르크족의 성전의식도 다르지 않았다. 중동 지역에서 시작한 무슬림의 성전의식과 전통문화는 이슬람 세계 전체의 의식이고 문화였던 것이다.

오스만제국은 처음부터 소아시아에서 이슬람 세계의 중심지들인 다마스쿠스, 카이로, 타브리크, 바그다드로 진출하는 길목에 자리 잡은 행운을 누렸다. 소아시아에서부터 이슬람문화의 중심지로 이어지는 지역에 있었기 때문에 팽창하고 있던 오스만-이슬람제국은 성전의식으로 무장할 수 있었다. 또한 필요한 인력 자원, 즉 이슬람 법률, 행정, 재정의 이론과 실제에 능숙한 인재들을 얻을 수 있었다. 가자의 이상이 오스만을 연이은 승리로 이끌었다면, 이슬람적 전통은 새로 정복한 땅에 확고하고 안정된 지배 체제를 확립할 수 있게 했다.

1300년 전후에 소아시아에 등장한 투르크족 토후국들은 새로운 생활공간을 얻으려는 노력을 통해 '가자-가지스' 이념을 실현하려 했고, 이를 통해 그들은 소아시아 해안으로 진출할 수 있었다. 그렇지만 전술했듯이 토후국 멘테세는 비잔틴제국의 섬 로도스가 성존기사단의 땅이 되자(1308) 에게해에서 '가자'의 이상을 실현할 수 있는 가능성이 크게 줄어들었음을 알았다. 소아시아의 북서 해안 끝의 토후국 아이든 또한 십자군의 한 함대가 1344년에 이즈미르(스미르나)의 관문을 장악한 후 '가자'의 이상을 실현할 수 없는 상황에 처하게 되었다. 내륙의 토후국들 또한 정도의 차이는 있었지만 대개 내륙에 갇혀 있는 상황이었다. 반면 카라만은 킬리키아와 그 부근지역의 기독교 세력인 아르메니아로 영역을 확장해 갔으며, 14~15세기에는 오스만제국의 소아시아로의 진출을 방해하는 세력으로 성장했다.

전술했듯이 그 무렵 오스만제국은 투르크족의 구심점이 되고 있었다. 오스만제국만이 무슬림들에게 자신들의 방식대로 생활하고 나아가 상황이 주는 이점을 취할 수 있도록 한 가자 이념을 실현할 수 있게 했던 것이다.

오스만제국의 발칸반도 진출

오스만제국은 카라시를 1345년에 병합했다. 당시 카라시는 지배층의 내분과 오스만 투르크의 기치 아래 싸워 '가자' 이상을 실현하려고 한 국민적 소망 때문에 국력이 약해져 있었다. 카라시를 병합하자 오스만제국은 훨씬 쉽게 북서 소아시아에 진출할 수 있었다.

소아시아 서쪽 해안을 대부분 장악하고 카라시를 병합한 오스만제국은 뒤이어 발칸반도에 교두보를 구축하는 데 성공했다. 2대 술탄 오르칸의 전사들이 발칸반도의 갈리폴리를 점령한(1354) 다음 그곳을 발칸반도 진출을 위한 최초의 영속적 거점으로 만들었다. 갈리폴리는 정치, 경제, 사회적 측면에서는 물론 지리와 인종 면에서도 아주 중요한 땅이었는데, 오스만제국의 전사들은 오랫동안 대립과 분열로 찌든 갈리폴리를 별다른 저항을 받지 않고 장악할 수 있었다.

유럽 기독교 세계로서는 불행한 일이었지만, 발칸반도는 14세기 중엽에 이르러 큰 혼란에 빠져 있었다. 남단의 그리스는 베네치아령, 비잔틴제국, 기타 소국들의 집합체로 전락했고 세르비아는 비잔틴제국을 괴롭히던 국왕 두샨(재위 1331~1355)이 죽은 뒤 나라가 분열된 상태였다. 불가리아 역시 1365년 이후 세 나라로 분열되었다. 사회적, 경제적, 종교적 불안과 겹쳐진 정치적 분열은 당시 비잔틴제국의 지배 아래에 있던 지역들도 혼란하게 만들었다. 갈리폴리 점령 이후 많은 오스만 전사들이 보스포러스해협을 건너 발칸반도로 들어갔다. 소아시아에서 건너온 다른 투르크족 전사들 또한 14세기 전반에 발칸반도에서 오스만제국의 동맹세력 역할을 했다.

오스만제국의 발칸반도 진출은 1354년에 갈리폴리를 점령한 이후 속도가 나기 시작했다. 오스만은 1362년에 에디르네(아드리아노플)를 빼앗고, 1371년에는 마리차강 유역의 키르노멘에서 남세르비아를 꺾었다. 그 후 트라키아에서 잠시 주춤한 오스만의 전선은 북쪽의 불가리아와 서쪽의 마케도니아로 확대되었다. 오스만제국의 군대는 1386년에 소피아와 니스를 함락함으로써 발칸반도의 중앙 지역도 장악했다. 오스만제국은 1389년에 코소보전에서 북세르비아를 이겼지만, 군대를 진두지휘한 술탄 무라드 1세(재위 1360~1389)가 전사했다. 그의 아들 바야지드 1세(재위 1389~1403) 또한 부왕에 이어 발칸반도 진출 정책을 추진했고, 결국 1393년에 이르러 불가리아를 정복했다. 이어 세르비아가 오스만제국의 속국이 되었다. 이제 오스만제국의 군대는 그리스를 향해 남쪽으로 방향을 돌려 비잔틴제국의 수도 비잔티움을 봉쇄했다. 오스만군은 헝가리가 서유럽의 도움을 받아 일으킨 십자군을 1396년의 니코폴리스전투에서 물리쳤다. 짧은 시간에 빛나는 전과를 올린 오스만투르크는 자신들이 성전의 선봉장임을 전체 이슬람 세계에 과시했다.

그러나 오스만제국은 니코폴리스전투에서 승리한 뒤 몇몇 어려운 문제들에 부딪혔다. 특히 변경 지역 문제가 만만치 않았다. 발칸반도의 경우 오스만은 그들이 정복한 기독교도들에 비해 그 수가 훨씬 적었다. 그들이 발칸반도에서 점유한 땅 또한 하천 유역이나 교통 요지에 한정되었을 뿐 그리 넓지 않았다. 거기다 그들이 정복한 지역도 대개 술탄의 신하가 된 기독교계 유력자들이 통제하고 있었다. 알바니아나 모레아 같은 넓은 산악 지대나 변경 지역에는 그들의 힘이 미치지 못했다. 오스만제국이 발칸반도를 확실하게 지배하고, 이슬람과 투르크의 요소가 뿌리내리게 하기 위해서는 유능한 인물들이 필요했다. 지배 체제를 확고히 해서 정복지를 제국의 확실한 영토로 바꾸기 위해서는 군대만이 아니라 유능한 법관, 행정관, 재정관 등이 필요했던 것이다.

소아시아 지역을 통일하는 것 또한 오스만제국으로서는 늦출 수 없었다. 그것은 발칸반도를 효율적으로 지배하는 데 필요한 물적, 인적 자원을 얻는 길이기도 했다. 오스만제국은 드디어 술탄의 압도적 힘을 두려워한 주변의 작은 토후국들을 병합하기 시작했다. 북서 소아시아의 토후국 카라시를 1345년에 이미 합병한 제국은 무라드 1세에 이르러 결혼 동맹과 토지 구매 등 간접적인 방법으로 소아시아에서 영역을 확장해 갔다. 하지만 발칸반도의 진출을 더 본격적으로 추진한 바야지드 1세는 이러한 느리고 조심스런 정책을 버리고 서부와 중부 소아시아를 무력으로 장악하는 정책을 택했다. 무력 정책은 성공을 거두기도 했지만 오스만제국을 잠깐 동안 곤경에 빠뜨리기도 했다.

바야지드 1세는 비非투르크-비非무슬림으로 구성된 예니체리와 발칸반도의 기독교계 속국들이 파견한 군대로 서부와 중부 소아시아 토후국들을 병합했다. 하지만 그의 이런 정책은 토후국 백성뿐만 아니라 오스만 투르크족 사이에서도 분노를 불러일으켰다. 여기서 우리는 바야지드가 투르크족과 무슬림이 아닌 군사들로 구성된 군대를 동원해 토후국들을 병합했다는 사실에 유의해야 한다. 불신자와 싸움에 나서야 하는 투르크족 무슬림 전사가 다른 투르크족 무슬림에게 칼을 들이대는 것은 곧 가지스로서의 이상과 신앙을 버리는 행위였기 때문이다. 바야지드 1세의 강압적 토후국 정책은 자신에게는 물론 제국에게도 재앙을 안겨 주었다.

제국의 일시적 침체

소아시아와 발칸반도에서 승승장구하던 오스만제국도 뜻하지 않은 역풍을 만나 위기에 빠졌다. 15세기 초에 이르러 오스만제국도 이민족의 침입과 민족 내부의 문제 때문에 팽창하는 속도를 조절해야 했다.

바야지드 1세가 추진한 소아시아에서의 빠르고도 광범위한 팽창은 티무르와의 충돌을 불렀다. 바야지드가 쫓아낸 일부 토후국 지배자들은 바야지드궁에 피난처를 얻었지만, 다른 지배자들은 동쪽의 티무르제국으로 도주했다. 그리고 오스만제국은 1402년에 티무르 군대와 벌인 앙카라전투에서 완패했다.

앞에서 바야지드 1세가 무력으로 토후국을 병합해서 재앙을 불러왔다고 했는데, 앙카라전투가 바로 그 재앙이었다. 바야지드는 당시 티무르와 맞서기 위해 새로이 병합한 토후국들에서도 군대를 모집했다. 하지만 그들 중 일부는 오스만제국을 배신하고 이전 자신들의 군주가 충성하는 티무르군대에 합세했던 것이다. 오히려 재미있는 것은 앙카라전투에 투입된 세르비아군이었다. 라자레빅이 지휘한 세르비아 전사들은 앙카라전투에서 술탄 바야지드 1세를 위해 결사 항전했다. 그러나 앙카라전투에서 오스만제국은 패배했고, 포로가 된 바야지드 1세는 결국 티무르의 감옥에서 옥사했다 - 바야지드 1세가 자결했다는 설도 있다.

티무르는 토후국 군주들이 상실한 땅은 빼앗았으나 오스만제국을 무너뜨리지는 않았다. 가장 뛰어난 전사로 평가받던 오스만군을 성전, 곧 기독교 유럽과의 싸움에 선봉대로 활용하려고 했기 때문이다. 앙카라전투가 끝난 뒤 로도스를 근거지로 삼아 활동하던 성존기사단을 이즈미르에서 쫓아낸 티무르는 기독교 세력과 일전을 벌일 계획을 세웠던 것으로 보인다.

앙카라전투 이후 오스만제국은 침체의 길을 걸어야 했다. 제국은 살아남은 바야지드 1세의 아들들이 지배한 몇 개의 집단으로 쪼개졌다. 이사는 부르사를, 메흐메드는 아마시아를, 술레이만은 에디르네를 차지했다. 형제들은 제국의 주인 자리를 놓고 혈전을 벌였다. 메흐메드가 부르사를 병합했지만 한동안 술레이만에게 빼앗겼다. 메흐메드는 협력관계에 있던 동생 무사를 발칸반도에 파견하여 술레이만군을 물리쳤다(1409~1411). 하지만 무사는 메흐메드와의 동맹을 깨고 발칸반도에 독자적인 세력을 구축하려 했고, 발칸반도로 건너간 메흐메드는 카물루에서 다시 무사를 꺾었다(1413).

메흐메드 1세가 1413년의 전쟁에 승리함으로서 통일 제국의 길이 열렸다. 소아시아와 발칸반도의 투르크족 전사들이 메흐메드를 중심으로 새롭게 결속을 추구했기 때문이다. 당시 투르크족 전사들은 오스만제국의 심장부인 소아시아를 빠른 시간에 다시 통일하지 못할 경우 자신들의 존재 명분인 가자 이념이 사라지고, 또한 발칸반도에서 자신들의 지위도 위태로워질 것임을 깨달았다. 투르크족 전사들은 메흐메드를 중심으로 뭉쳤다. 발칸반도의 투르크족도 앙카라전투 이후 10여 년간의 내분을 통해, 소아시아의 무슬림제국과 관계를 단절할 경우 발칸반도의 오스만제국은 존재할 수 없다는 것을 깨달았다. 술레이만이 무사에게 진 것도 우연이 아니었다. 술레이만은 발칸반도에서 자신의 지위를 공고히 하기 위해 영토를 양보하면서 비잔티움(콘스탄티노플)과 베네치아 같은 기독교계 국가들과 공존을 모색했는데, 발칸반도의 투르크족 지배자들이 기독교와 손을 잡은 그에게 등을 돌렸기 때문이다.

제국의 재통일과 중흥

메흐메드 1세의 치세 때(1413~1421) 오스만제국은 다시 통일되었다. 그리고 오스만제국은 투르크족의 이념이라고 해도 좋을 '가자-성전' 이념을 다시 실현하는 길로 나섰다. 메흐메드 1세에 이어 무라드 2세가 치세할 때(1421~1451) 오스만제국은 소아시아와 유럽에서 느리지만 착실하게 성장했다. 416년에는 종교적 반란이 일어나고 발칸반도에서도 분란이 발생했으나 제국은 다시 주변을 위협하는 세력이 되었다.

먼저 소아시아에서의 성공을 살펴보기로 하자. 오스만제국은 이때도 군소 토후국들을 점령했으나 바야지드 1세의 실수를 되풀이하지 않기 위해 노력했다. 오스만제국은 무라드 1세가 취한 간접적 방법인 결혼 동맹, 합법적 유증遺贈, 외교 협상, 전쟁을 피할 수 없을 경우 전후의 관대한 평화조약, 오스만 왕가 왕자들의 새로운 정복지 파견 등으로 목적을 이루었다. 그리하여 1451년에 이르러 카스타모누와 카라만을 제외한 모든 토후국을 병합했다. 그러나 카스타모누는 1461년에 병합되었고, 카라만도 1466년부터 1482년에 걸쳐 단계적으로 병합되었다.

다음은 발칸반도에서의 성공담이다. 무라드 2세는 메흐메드 1세에 이어 영역을 크게 넓히는 데 성공했다. 모레아, 에피루스, 알바니아, 세르비아까지 장악한 오스만제국은 소아시아와 발칸반도의 대부분을 통치했다. 이렇듯 오스만제국이 발칸반도에서 무섭게 세력을 넓히자 기독교 세계가 저항하기 시작했다. 오스만제국의 팽창에 가장 큰 위협을 느낀 헝가리가 저항의 중심에 있었다. 그때 폴란드, 세르비아, 왈라키아(루마니아)

등의 지원을 받은 헝가리의 야노스 후니아디는 1443~1444년에 불가리아까지 진출했다. 세르비아는 소아시아에서 카라만과 싸우느라 어려움에 처해 있던 무라드 2세의 화평 제의를 받아들였지만, 헝가리는 거부했다.

하지만 헝가리가 주도한 기독교 십자군은, 무라드 2세가 카라만을 꺾은 뒤 제노바의 지원을 받아 보스포러스해협을 건너는 것을 막지 못했다. 기독교 십자군은 1444년 11월에 바르나에서 결정적인 패배를 당했다. 후니아디는 1448년에 다시 대군을 동원해 도전했으나 이번에는 코소보에서 패했다. 이것이 헝가리의 마지막 공세였다. 오스만제국은 1456년에 베오그라드의 헝가리 요새를 포위했지만 승리하지 못했다. 오스만제국이 헝가리를 장악하기 위해서는 1521년까지 기다려야 했다.

비잔틴제국 정복 이후의 오스만제국

오스만제국의 비잔틴제국 정복

 오스만제국은 서로마제국이 멸망한 뒤에도 천여 년을 버티어 온 비잔틴제국을 정복했다. 멸망할 무렵의 비잔틴제국은 오스만제국에 거의 포위된 상태였지만, 오스만제국의 발칸반도 정책을 어느 정도 견제할 수는 있었다. 비잔틴제국마저 제거한 오스만제국은 이제 발칸반도를 포함한 동지중해 세계는 물론 중동 지역과 북아프리카까지 영역을 넓힐 수 있었다.

 13세에 술탄이 되었지만 술수와 영도력을 겸비한 메흐메드 2세(재위 1444~1446, 1451~1481)는 두 번째 임기 때 친위대 예니체리를 지휘해 아나톨리아의 반란 세력을 진압한 뒤 비잔틴제국으로 눈을 돌렸다. 전국에서 모은 천여 명을 동원해 마르마라해협의 유럽 해안에 성채를 만들었다(1452). 그 해협의 아시아 쪽에는 그의 조부 메흐메드 1세가 만든 요새가 있었다. 비잔틴제국의 황제 콘스탄티노스 11세(재위 1449~1453)가 항의했지만, 그는 개의치 않고 유럽 쪽 해안에 높은 성채를 쌓기 시작했다. 1452년 8월에 성채 '루멜리 히사르Rumeili Hisar'가 완성되어 제국은 마르마라해협을 포함한 보스포러스해협을 통제할 수 있게 되었다. 메흐메드 2세는 헝가리 출신 기술자를 동원해 아시아와 유럽 성채에 투석投石 포대를 설치한 뒤 보스포러스해협을 통과하는 모든 선박에 통행세를 내게 했다.

메흐메드 2세의 강력한 보병과 포병은 1453년 초에 비잔티움을 포위 공격하기 위해 진형을 갖추었다. 그때 콘스탄티노스 11세가 제의한 투르크제국에 대항할 십자군은 성사되지 못했고, 단지 베네치아만이 제국을 돕기 위해 해군을 출동시켰다(1452.8). 메흐메드는 1453년 4월 5일에 사절을 보내 항복을 요구했고, 항복 요구가 거절되자 6일부터 대포 공격을 포함한 전면 공격을 감행했다. 친위대 예니체리의 정예병과 무슬림 전사들은 5월 29일에 비잔티움을 함락했다. 이때 콘스탄티노스 11세는 전사했고, 일부를 제외한 대부분의 시민들은 피살되거나 항복했다.

젊은 정복자 메흐메드 2세는 성소피아성당에 들어와 알라에게 감사드린 뒤 성당의 제단을 파괴했다. 투르크군은 전통 관례대로 비잔티움을 사흘간 약탈했다. 그러고 나서 메흐메드

2세는 자신이 기독교 교회의 보호자임을 선언하고 그리스인 대교구장을 임명했다. 비잔티움을 이스탄불로 이름을 바꾸고 제국의 수도로 삼았다.

메흐메드 2세의 정복 사업은 비잔티움 점령으로 그치지 않았다. 그는 문자 그대로 정복자로서 강력하고 광대한 제국을 만들려고 했다. 예속적 군주국, 종속지들, 직할지의 연합체에 불과한 제국을 견고하고 강력한 나라로 성장하게 만들었다. 그는 아테네를 비롯하여 1458~1460년에 모레아, 1459년에 베오그라드를 제외한 세르비아 전역, 1463~1464년에 보스니아를 점령했다. 많은 보스니아 귀족들이 이슬람교로 개종한 뒤 북쪽 국경 지대를 방어하는 오스만제국 전사가 되었다. 1481년에는 도나우강을 넘어 루마니아까지 진출했다. 또한 1463년 6월부터 1479년 1월까지 베네치아와 16년에 걸친 전쟁 끝에 에게해-보스포러스해-흑해를 잇는 전통 무역로 - 베네치아의 고속도로로 불리기도 한다 - 를 보전하려는 베네치아를 견제하는 데 성공했다. 이스탄불에서 체결된 평화조약으로 베네치아는 선박의 통행을 보장받되 전쟁 배상금을 물고, 다시 해마다 1만 베네치아 금화를 제국에 내야 했다.

메흐메드 2세는 1461년에 카스타모누 토후국을 병합해 소아시아의 대부분을 제국에 편입했다. 또한 트레비존드와 함께 제노바의 상업 식민지들인 아마스트리스와 시노페를 1461년에 점령함으로써 흑해의 남쪽 연안도 오스만제국의 땅이 되었다. 또한 크림반도의 카파를 1475년에 정복했는데, 이로써 흑해 북쪽 연안의 크림 타타르족 지배자도 그의 신하가 되었다. 그는 내치에서도 훌륭한 업적을 남겼다. 오스만제국의 기본 제도들의 기능을 명확히 한정하고, 강화하고, 조정했다. 1402년의 앙카라전투가 끝난 뒤 시작된 재구성과 통합의 노력은 메흐메드 2세에 의해 거의 매듭지어졌다.

셀림 1세와 이집트 정복

메흐메드 2세를 이은 바야지드 2세(재위 1481~1512) 또한 제국의 영역을 상당히 넓혔다. 그는 1483~1503년에 걸쳐 헤르체고비나와 도나우강과 드니에스터강 하구, 그리스의 레판토, 모돈, 코론, 나바리노, 알바니아의 두라조 등을 장악했다. 뿐만 아니라 북시리아와 소아시아의 접경지대인 킬리키아와 알비스탄을 놓고 이집트-시리아의 마멜루크 왕조와 싸워(1485~1491) 북시리아에서 제국의 입지를 강화했다.

바야지드 2세의 아들 셀림 1세(재위 1512~1520)도 페르시아로 진격해 1514년에는 타브리즈의 관문 칼디란에서 페르시아군을 물리쳤다. 1514년의 승리로 오스만제국은 중부 및 서부 소아시아를 확고하게 통제할 수 있었다. 뿐만 아니라 셀림 1세는 제국에 맞서 페르시아와 협력을 모색하던 마멜루크 왕조와 싸워 승리를 거두었다. 제국의 군대는 1516년 8월에 알레포 부근의 마르즈 다비크전투에서 마멜루크 군대을 물리치고 시리아 전체를 점령했다. 1516년 말에서 1517년 초에 걸쳐 마멜루크를 정복한 셀림 1세는 1517년 1월 말에 카이로를 점령한 뒤 사로잡은 마멜루크 왕조의 마지막 칼리파 투만 베이를 4월 중순에 처형했다. 이로써 오스만제국은 마멜루크-페르시아동맹의 위협에서 완전히 벗어났을 뿐만 아니라 시리아와 이집트를 얻었다. 이제 오스만제국의 술탄은 성지 메카와 메디나의 보호자가 되었고, 더불어 이슬람 세계에서 그의 권위는 더욱 높아졌다.

한편 오스만제국의 술탄은 이집트를 병합함으로써 이슬람 세계의 정치와 종교에서 최고 통치자인 칼리파가 되었다. 당시 아바스 왕조 이후 칼리파 자리를 차지해 온 이집트의 알-무타와킬이 이스탄불로 가서 칼리파의 모든 권리를 술탄 셀림 1세에게 넘겨주었다. 알-무타와킬은 칼리파 이양을 상징하는 것으로 예언자 무함마드의 성의(망토)와 제2대 칼리파 우마르의 칼을 셀림에게 전했다. 그리하여 오스만제국의 술탄은 동시에 이슬람 세계의 칼리파가 되었다.

왕자들의 왕위 쟁탈전

오스만제국에서는 새로운 술탄이 즉위할 경우 제권을 확고히 하기 위해 황제의 형제들 및 그들의 남성 자손들을 살해하는 것이 관례였다. 따라서 연로한 술탄의 왕자들은 아버지가 죽을 경우에 살아남을 수 있는 대비책을 세워야 했다. 왕자들은 각자 자기 관할 지역의 지지를 바탕으로 – 제국의 왕자들은 지방정부의 지사로 일했다 - 예니체리와 중앙정부 고위 관료들의 지지를 얻기 위해 전력을 기울여야 했다.

메흐메드 2세의 두 아들 바야지드와 젬도 피를 부르는 왕위 쟁탈전을 벌였다. 바야지드가 승리해 술탄 자리를 차지했고, 패배한 젬은 성존기사단이 장악하고 있던 로도스로 도주했다 프랑스를 거쳐 이탈리아에 머물다 결국 그곳에서 죽었다(1495).

훨씬 더 극적인 싸움은 바야지드 2세의 두 아들 아메드와 셀림의 싸움이었다. 트레비존드를 관할한 셀림은 크림반도의 타타르족의 지원을 약속받은(1511) 다음 부왕에게 유럽 땅을 요구했다. 그래서 셀림은 이스탄불에서 멀리 떨어져 있는 자신의 영지 트레비존드보다 술탄이 되는 데 훨씬 더 유리한 도나우강 유역의 땅을 얻었다. 한편 아메드는 자신을 지지한 수상 알리 파샤와 함께 소아시아에서 일어난 시아파의 반란을 진압하라는 명령을 받았다. 그때 대규모의 예니체리군을 끌고 소아시아로 진격한 알리 파샤는 1511년 6월에 카이세리에서 멀지 않은 곳에서 반란 세력을 타도했지만, 그 과정에서 반란군 우두머리와 함께 목숨을 잃었다.

셀림은 반란 진압에 성공할 경우 소아시아에서의 아메드의 입지가 강화될 것을 우려하던 중에 아버지 술탄을 공격하기로 작정했다. 하지만 그는 자신의 지지 세력인 예니체리보다 우세한 술탄의 기병에 참패한 뒤 크림의 카파로 도주했다(1511. 8). 시아파 반란을 진압한 뒤 이스탄불로 진격한 아메드는 중앙정부에 있는 자신의 지지자들이 예니체리 때문에 흔들리는 것 -

예니체리는 셀림을 술탄으로 지지한다는 것을 분명히 했다-을 보고 아버지에 등을 돌리고 소아시아의 대부분을 무력으로 점령했다. 그처럼 아메드가 부왕과 대립하면서 소아시아를 장악하는 상황에 이르자 셀림은 이스탄불로 들어와 바예지드 2세를 쫓아냈다(1512.4). 셀림 1세는 다음해에 아메드도 죽였다.

술레이만대제와 오스만제국의 전성기

모하치전투

셀림 1세가 치세할 때 오스만제국은 주로 동부 지역의 문제를 해결하는 데 몰두했고, 결국 시리아와 이집트를 병합하는 데 성공했다. 그의 외아들 술레이만 1세(재위 1520~1566)는 유럽 쪽의 영토를 확장하는 데 집중했다. 그는 외아들이었기 때문에 술탄 자리를 놓고 형제들과 피비린내 나는 투쟁을 벌이지 않았고, 따라서 국력을 낭비하지 않고 순탄한 출발을 할 수 있었다.

술레이만군은 아나톨리아와 루멜리에 주둔해 있던 군대와 술탄의 친위대 예니체리 등을 동원해 1526년에 결국 헝가리에 대한 대공세를 감행했다. 도나우 강변의 두 헝가리 요새를 공격한 것이 그 신호탄이었다. 오스만제국의 군대가 북쪽으로 이동한다는 소식이 부다에 전해진 것은 1526년 초였다. 술레이만은 그해 4월에 3백 문의 대포로 무장한 10만 육군을 거느리고 북진했다. 본진은 서서히 북상했으나, 술탄은 선발대에게 도나우강의 페테르바라딘 요새를 공격하라고 명령했다. 선발대는 헝가리의 저항을 간단히 물리치고 7월 말에 요새를 장악했다. 헝가리, 독일, 폴란드, 체코 군대 말고도 소수의 트란실베니아군과 크로아티아군이 동원되었고, 술탄의 대군은 도나우강의 모하치까지 진격했다.

헝가리-보헤미아 왕 라조스 2세가 거느린 2만여 명의 기독교 십자군도 모하치 평원에 방어선을 구축했다. 하지만 오스만군은 헝가리군을 내려다볼 수 있는 언덕을 선점했다. 헝가리군이 기선을 제압하기 위해 오스만군 선발대를 공격했지만 오스만의 본진은 이미 모하치에 가까이 와 있었다. 수에서 열세인 데다 전열마저 흐트러진 헝가리군은 완패했고, 장교들을 포함해 1만 5천여 명이 전사했다. 헝가리의 고위 관리와 주교 등 많은 시민들이 목숨을 잃었다. 부상당한 국왕 라조스 2세는 늪지를 건너다 결국 익사했다.

술레이만 1세는 모하치에서 부다까지 진격했다. 번영하던 대도시 부다의 시민들은 모두 도망가고 유대인들만 남아 있었다. 술탄은 부다에서 알라에 감사 예배를 드린 뒤 많은 전리품을 이스탄불로 운송했다. 그중에는 헝가리가 자랑하던 거대한 청동촛대 두 개와 귀중한 도서들도 포함되어 있었다. 케말파샤자데는 이때의 승리를 기념하는 글을 남겼다.

불타는 화염처럼 번뜩이는 무기를 들고, 그들은 흩날리는
튤립 모양 산을 닮은 영광스런 기병대대로 불운하지만 용맹

한 이교도들에게 돌진해 갔다. 전투 축제에서 그들은 포도주 잔 같이 붉게 물들었고 (중략) 그들의 손은 산호를 닮았다. [전투는] 하늘에 있는 히포드롬(고대 그리스의 경기장)의 테두리가 석양의 핏빛으로 물들 때까지 계속 되었다. (중략) 술탄의 명령으로 예니체리 소총수들은 적들에 대항해서 총탄을 퍼부었다. 그들 중 수백, 아니 수천 명이 지옥으로 직행했다.

모하치전투에서 패한 것은 헝가리에게는 크나큰 재앙이었다. 그 전투가 끝난 지 몇 개월 뒤에 페르디난드가 우여곡절 끝에 왕에 즉위했다. 페르디난드는 살아남은 귀족들이 추대해서 왕이 되었다. 그러나 페르디난드에 밀려 왕으로 즉위하지 못하고 부다에서 추방된 야노스 자폴야는 술레이만 1세에게 원조를 약속 받았다. 술레이만은 헝가리를 병합하지 않는 대신 헝가리인 협력자들을 통해 분할, 조정하려 했다. 그리하여 페르디난드는 서헝가리와 크로아티아를 차지했고, 자폴야는 헝가리의 2/3에 달하는 나머지 영역과 수도 및 왕위를 차지했다. 이후 첨예하게 대립한 동·서 헝가리 국왕은 지방의 귀족과 도시들을 자기편으로 끌어들이기 위해 투쟁했다. 물론 페르디난드가 우세했지만 자폴야는 이스탄불로 사절을 보내 원조를 요청하는가 하면(1527), 프랑스의 프랑스와 1세와도 우호관계를 맺고 상당한 금액을 후원 받았다.

빈 포위 공격

오스만제국이 모하치와 부다를 함락한 사건은 유럽 기독교 세계에 적지 않은 충격을 주었지만 그것이 끝이 아니었다. 술레이만 1세의 전사들은 1529년에 결국 오스트리아의 빈을 향해 진격했다. 자폴야는 투르크군의 전승지 모하치 평야까지 술레이만을 마중나가 헝가리 왕위를 상징하는 보관寶冠을 증정했다. 서쪽으로 진군하던 오스만군은 부다를 거쳐 같은 해 9월에 빈의 성벽이 가까운 도나우강 운하 맞은 편에 본영을 설치하고 빈을 포위했다.

마침 우기여서 대포로 공격하기가 아주 어려웠으나 투르크군의 총포병과 기병대는 성벽의 수비군을 효율적으로 공격했다. 오스만군의 일부는 바이에른과 보헤미아를 습격하기도 했다. 오스트리아가 성벽을 개축하고, 성문 방어를 강화하고, 식량 확보를 서두르는 등 철저히 대비했기 때문에 오스만 전사들도 성을 쉽게 넘을 수 없었다. 빈을 놓고 펼친 공방은 15일 가까이 계속되었다. 하지만 가을에 접어들어 기온이 내려가고 보급선이 길어져 식량 등 군수품의 수송이 여의치 않자 술레이만은 내키지 않았지만 전투를 중단하도록 명령했다. 오스만군은 1530년 1월 15일에 전리품을 실은 낙타와 함께 철수했다. 빈의 수비병들은 기적 같은 일에 종을 울리고 축포를 쏘며 환호했다고 한다.

그러나 유럽 기독교 세계는 술레이만의 행보에 유의하지 않을 수 없었다. 오스만군대가 빈을 포기하지 않을 것으로 판단한 합스부르크제국의 칼 5세는 오스만군대의 빈 재공격을 막기 위해 1530년에 휴전 사절 24명을 이스탄불에 파견했다. 하지만 술레이만 1세는 1532년에 도나우강의 한 지류를 지나 빈을 점령하기 위해 다시 진격해 왔다. 그러나 헝가리의 끈질긴 항전과 악천후 때문에 투르크군은 뜻을 이루지 못하고 스테이르 주변과 오스트리아의 여러 주들을 약탈하는 데 만족해야 했다.

그 후에도 술레이만 1세의 군대는 발칸반도 서북쪽으로 진격하는 등 빈에 대한 욕심을 버리지 않았다. 칼 5세도 그에 대항해 제노바의 해군을 동원하는 등 공세를 취했지만, 양측은 결국 평화조약을 체결했다. 대제는 휴전 사절을 빈에 파견했다. 1533년에 체결된 조약에 따라 페르디난드는 오스만제국의 술탄을 아버지로 예우하고, 재상을 형으로 대해야 했으며, 헝가리의 지배권을 승인받는 대가로 공납을 바쳐야 했다. 오스만제국은 서부 헝가리에 대한 지배권을 인정해 준 대가로 합스부르크제국에서도 공납을 받았다.

오스만제국은 1541년에 동헝가리와 서헝가리 사이에 폭넓은 회랑을 설치해 지배했는데, 이 회랑은 헝가리 전체의 2/3에 달했다. 오스만제국은 그 밖에도 합스부르크에 반대하는 세력을 음양으로 지원하는 한편, 투르크를 반대하는 세력을 억압하기 위해 노력했다. 평화조약을 체결한 뒤에도 오스만제국과 독일제국은 줄곧 충돌했다. 술레이만은 1541년과 1543년에 페르디난드의 헝가리를 공격해 도나우강 중류 지방을 장악하고, 부다와 에스테르곰을 방어 요새로 삼았다. 자폴야의 어린 아들이 명목상 지배한 트란실바니아도 이스탄불에 예속되었다. 그리하여 헝가리는 북서쪽의 합스부르크 헝가리, 중부 도나우강의 오스만 헝가리와 그 종속국 사바와 드라바, 동부의 트란실바니아 헝가리로 나뉘어졌는데, 그 상황은 술레이만 1세가 타계할 때까지 거의 변하지 않았다.

발칸반도의 모스크

오스만제국은 도나우강 이남의 발칸반도 대부분을 지배했다. 13세기 말에 아나톨리아 지역의 동방정교회 교도 그리스인들이 투르크족과 융화하면서 이슬람교로 개종했듯이 발칸반도의 기독교도들도 점차 투르크족과 공생하며 이슬람교로 개종하기도 했다. 그리하여 기독교의 땅 발칸반도에 이슬람교 사원(모스크)과 무슬림들이 본격적으로 등장하기 시작했다. 더불어 발칸반도의 인종과 종교 구성이 더욱 복잡해졌다.

발칸반도의 모스크를 상징하는 것은 아흐메드모스크(블루모스크)다. 오스만제국이 강력한 국력을 자랑하던 시기의 술탄 아흐메드 1세는 성소피아성당을 압도할 수 있는 모스크를 세우려 했지만 건축 기법이나 예술성에서 그에 미치지 못하는 것으로 평가받아 왔다. 특히 성소피아성당과 달리 내부에 여러 개의 거대한 원주가 지붕의 무게를 지탱하고 있고, 그 거대한 원주들이 내부 공간의 상당 부분을 차지하고 있어 혼란한 느낌을 준다. 하지만 오늘날 성소피아성당 못지않게 많은 관광객을 불러 모으는 이 사원은 첨탑 6개를 자랑하는 오스만제국 최대의 모스크다.

1차 세계대전의 첫 총성은 세르비아의 사라예보에서 울렸지만, 발칸반도가 1차 세계대전의 발원지가 된 것은 오스만제국이 발칸반도를 장악했기 때문이다. 다시 말해, 게르만계,슬라브계, 투르크계 등의 복잡한 인종 구성과 가톨릭교, 프로테스탄트, 동방정교, 이슬람교 등 복잡한 종교 내지 종파 때문에 인종과 종파 사이에 질시와 대립이 생겼기 때문이다.

1990년대 말에서 2001년에 걸쳐 인종 및 종교 문제로 일어난 보스니아-코소보 내전과 마케도니아 사태 등 유고슬라비아연방과 그 주변 지역에서 일어난 분쟁은 결국 NATO가 개입해 진정되었다. 이러한 분쟁의 뿌리는 오스만제국이 기독교 세계인 비잔틴제국을 무너뜨리고 도나우강 이남의 발칸반도를 장악했을 때 이미 자라고 있었다.

페르시아와 싸움

술레이만 1세는 발칸반도에서 영역을 확장하는 데 만족하지 않고 중동 지역과 지중해로도 진출했다. 그가 치세할 때 오스만제국은 8~9세기에 이슬람제국이 지중해에 진출한 것과 비교될 만큼 동지중해와 북아프리카에서 강력한 세력을 구축하는 데 성공했다.

술레이만 1세의 오스만제국은 동쪽으로 영토를 넓혔다. 제국은 페르시아와 세 차례의 전쟁에서 두 번 승리했다. 술레이만 1세는 1534~1535년의 첫 전쟁에서 에르주룸과 그 주변 지역 및 이라크를 장악했다. 1548~1549년의 두 번째 전쟁에서도 라케 반 지역을 점령했다. 하지만 제국의 중심부에서 멀리 떨어진 동부 지역을 통제하는 것은 쉽지 않았다. 거기다 기후와 지형이 제국을 돕지 않는 데다 페르시아가 게릴라 작전으로 오스만군을 괴롭혔다.

술레이만은 소아시아의 정치가 불안했지만, 1554~1555년에 다시 페르시아를 공격했다. 하지만 세 번째 원정은 성공하지 못했다. 오스만제국은 아제르바이잔을 유린한 후 소아시아의 아마시아로 퇴각했다. 술레이만 1세는 1555년에 페르시아와 협정을 맺어 동부 국경을 유지할 수 있었다.

지중해에서의 성공

하지만 술레이만 1세는 지중해에서는 큰 성공을 거두었다. 바야지드 2세 때 크게 보강된 오스만제국의 함대는 1499~1503년에 벌어진 베네치아와의 전투에서 승리했다. 또한 오스만제국 해군은 1522년에 로도스를 점령했다. 이미 1517년 이후 시리아와 이집트를 장악한 오스만제국은 1308년 이래 로도스를 차지하고, 무슬림들의 '이스탄불-알렉산드리아 해로'에서 '기독교도 해적' 역할을 해온 성존기사단을 제압함으로써 동지중해의 지배권을 확실히 할 수 있었다. 한편 카이르 에드-딘(바르

바로사)은 북아프리카의 알제이를 중심으로 강력한 해적 국가를 건설한 다음(1529) 오스만제국의 속국이 되었다. 사실 북아프리카는 페르디난드와 이사벨라 이후 스페인이 탐내고 있던 지역이었다. 따라서 알제리의 흥기와 오스만제국 해군력이 성장하면서 합스부르크 왕가의 스페인과 오스만제국은 북아프리카를 놓고 대결하게 되었다. 술레이만 1세의 부름을 받고 1533년에 이스탄불을 방문한 카이르 에드-딘은 1534년에 오스만제국 함대의 고위 장군으로 임명받았다. 그리고 그가 지휘한 오스만제국의 해군은 합스부르크 왕가가 주도한 유럽 연합 함대를 1538년 9월에 알바니아 해안에서 물리쳤다.

술레이만 1세와 기독교 동맹

오스만제국은 1537~1540년의 새로운 해전에서 베네치아의 그리스 요새 모넴바시아와 '나폴리 디 로마니아'를 빼앗았다. 베네치아는 당시 스페인 국왕을 겸하고 있던 독일의 칼 5세 및 교황 바울 3세와 동맹했으나 오스만제국에 패했다. 스페인은 서부 지중해와 알제리 등 북아프리카에만 관심이 있었다. 칼 5세는 1535년에 이슬람 국가 튀니스에 보호국을 세우려 했다. 하지만 베네치아가 관심을 둔 지역은 물론 동지중해였다. 이렇듯 서로 목표가 달랐기 때문에 베네치아와 스페인 함대는 원활하게 협력하지 못했다. 결국 기독교 동맹군은 1538년에 프레베자에서 패배했다. 오스만제국의 제해권은 그로부터 1571년의 레판토해전까지 심각한 도전을 받지 않았다.

오스만제국의 약진은 중단되지 않았다. 1538년에는 제국의 함대가 수에즈에서 서인도의 디우까지 항해했다. 그리고 투르크족 무슬림들은 아라바이반도 남단에 세력의 근거지를 마련하는데 성공했다. 제국은 구자라트에서의 포르투갈의 영향력을 꺾지는 못했으나 바스라와 아덴을 장악함으로써 마사와와 스와킨에 제국의 거점을 마련할 수 있었는데, 그 거점은 술레이만 1세 이후에도 홍해와 페르시아만에서 포르투갈의 진출을 견제하고 한동안이나마 인도무역을 회복할 수 있게 했다. 그리하여 알레포가 다시 1550년부터 1650년까지 100여 년 간 국제무역의 중심지로 번영하였다.

오스만제국과 스페인의 해전

오스만제국은, 베네치아가 모레아를 포기하는 조건으로 1540년에 베네치아와 평화조약을 맺었지만, 서지중해에서는 스페인과 계속해서 싸워야 했다. 술레이만 1세의 함대는 1541년에 칼 5세의 알제이 침공을 물리쳤으며, 1543년에는 니스 지역을 장악했다. 그리고 1551년에는 북아프리카의 트리폴리를 점령했고, 1560년에는 트리폴리를 탈취하려고 한 스페인 함대를 드제르바에서 격파했다. 그리하여 트리폴리는 오스만제국의 두 번째 북아프리카 보호령이 되었다. 그러나 술레이만은 시칠리아와 튀니스 사이에 있는 전략적 섬인 말타를 성존기사단에게서 빼앗는 데는 실패했다(1565).

술레이만 1세는 1566년 헝가리의 요새를 포위 공격하던 중에 타계했다. 하지만 제국은 그의 긴 치세 동안 최고의 번영을 누렸다. 그는 영토를 크게 확장했을 뿐만 아니라 내치에서도 훌륭한 업적을 남겼다. 그는 로도스, 베오그라드, 부다, 테메스바 등을 방어하느라 재정을 궁핍하게 만들기도 했지만 메카, 다마스쿠스, 바그다드, 카파 등지에 모스크, 수도, 공공건물 등을 지어 제국의 위엄을 드높였다. 뿐만 아니라 그는 비잔틴제국의 비잔티움을 오스만제국의 이스탄불로 꾸미는 데도 노력을 아끼지 않았다. 그의 시대는 투르크족의 문화가 왕성한 창조력을 자랑한 시대로 케말파샤자데, 바키, 시난 등 문학과 건축, 그리고 예술에서 뛰어난 인물들을 배출한 시대이기도 했다.

술레이만대제 이후의 오스만제국

오스만제국의 이상한 제위 계승 제도 때문에 술레이만 1세의 말년은 후계자들 사이의 유혈 투쟁으로 얼룩졌다. 대제의 권위로도 아들인 무스타파, 셀림, 바야지드 사이에 권력투쟁이 벌어지는 것을 막을 수 없었다. 자신의 아들인 셀림과 바야지드를 술탄으로 앉히려고 한 술레이만의 황후 쿠렘과 쿠렘의 사위이자 수상인 루스템 파샤는 소아시아를 관할하던 무스타파가 그곳의 봉건기사(sipahis)들의 지지를 받을 경우 세력이 강화될 것을 막기 위해 1553년에 그를 처형했다. 이후 쿠렘의 아들인 셀림과 바야지드 사이에 권력을 둘러싼 투쟁이 다시 일어났지만, 셀림 2세(재위 1566~1574)가 결국 승리자가 되었다.

승승장구하던 오스만제국은 그러나 술레이만 1세를 이은 셀림 2세 치세 중에 심각한 위기에 처했다. 유럽 기독교 세계의 신성동맹과 벌인 레판토해전서 크게 패했기 때문이다.

신성동맹 결성

셀림 2세의 오스만제국은 베네치아에게 키프로스를 넘겨줄 것을 요구했다. 하지만 베네치아가 거절하자 오스만제국은 무스타파 파샤를 파견해 키프로스를 공격했다(1570.6). 자국의 전통적 동지중해 교역의 거점을 잃을 위기에 처한 베네치아는 교황 피우스 5세에게 오스만에 대항할 십자군 결성을 제의했다. 1566년 이래 오스만제국에 대항할 가톨릭 동맹 결성을 위해 노력해 온 피우스 5세는 기회를 놓치지 않고 동맹을 결성하려 했다. 그러나 프랑스는 위그노전쟁 때문에 무정부 상태에 있었고, 필리페 2세의 스페인 또한 이베리아반도의 안달루시아와 네덜란드에서 일어난 반란 때문에 교황의 제의에 선뜻 응할 수 있는 형편이 아니었다. 더욱이 베네치아는 남이탈리아에서 우월권을 행사해 온 스페인을 아주 혐오했다.

피우스 5세는 베네치아와 이탈리아의 작은 도시국가들은 물론 스페인도 끌어들이기로 했지만, 동맹 결성은 자꾸만 지연되었다. 알제리와 튀니지를 병합하려 한 스페인은 베네치아가 주력군을 제공하되 자국의 해군사령관 안드레아 도리아가 연합함대의 사령관이 되어야 한다는 조건으로 동맹에 참여하

겠다고 했다. 베네치아는 스페인의 제안을 거부했다. 그들은 사령관과 부사령관 선임 문제 말고도 동맹군의 전략 목표, 경비 분담, 승리한 뒤의 보상 등에서도 의견이 달랐다.

하지만 상황이 급박해졌다. 갤리선 160척을 동원한 오스만제국이 상륙작전을 편 지 석 달여 만에 키프로스의 수도 니코시아를 함락했다. 그리하여 베네치아가 백여 년 동안 속령으로 통제하면서 동지중해 무역의 거점으로 삼아 온 키프로스는 파마구스타만을 남기고 오스만제국의 손으로 넘어갔다. 오스만군은 거기서 멈추지 않고 파마구스타를 포위하는가 하면, 베네치아가 줄곧 자국의 내해로 여겨 온 아드리아해에도 출몰했다. 베네치아는 키프로스를 되찾아야 했고, 필리페 2세는 알제리와 튀니지를 병합하는 꿈을 포기할 수 없었다. 기독교세계로서는 더는 지체할 수 없는 상황이었던 것이다.

드디어 1571년 5월 25일에 교황청, 베네치아, 스페인은 방어와 공격 동맹인 신성동맹을 결성했다. 그리고 필리페 2세의 의붓동생인 오스트리아의 돈 존을 사령관으로 삼고 교황청의 콜로나를 부사령관으로 삼았다. 전략 목표 또한 동지중해와 서지중해 가릴 것 없이 오스만해군과 부딪히는 곳에서 싸우는 것에 합의했다. 그리고 갤리선 선단을 구성하는 문제도 해결되었는데, 교황이 23척, 스페인이 75척, 베네치아가 110척을 동원하기로 합의했다.

레판토해전

 넉 달 가까운 공격 끝에 키프로스의 파마구스타를 함락한 뒤 오스만제국의 함대는 코린트만의 레판토해 부근인 파트라스에 집결해 있었다. 그리고 시칠리아의 메시나에 집결해 있던(1571.8.24) 신성동맹의 함대는 파마구스타 함락 소식을 듣고 아드리아해 입구의 코르푸에 기착한 다음, 10월 7일 레판토해로 출동했다.

 오스만제국은 지중해 역사상 가장 큰 해전이었으며 노 추진 함선이 동원된 최후이자 최대의 해전에서 기독교 세계에 크게 패했다. 오스만제국 함대들은 초승달 모양의 진을 치고 있었는데, 사령관 알리 파사가 94척으로 중앙을 맡았고, 알렉산드리아 총독 무함메드 사우라크가 53척으로 우익을 담당했다. 그리고 알제리의 우르구 알리가 이끄는 65척이 좌익을 담당했다. 역시 초승달 모양의 진을 친 신성동맹군의 연합함대 사령관 돈 존은 61척으로 본진을 담당했다. 베네치아의 아고스티노 바르바리고가 베네치아 함선 53척과 나폴리 함선 2척으로 구성된 선대로 좌익을 담당했으며, 스페인의 안드레아 도리아는 갤리선 53척과 베네치아 전함 24척으로 우익을 맡았으며, 스페인의 산타 크루즈는 35척으로 구성된 예비대를 지휘했다.

 신성동맹 해군은 양군의 거리가 약 1.5km로 좁혀지자 갤리선을 투입해 대포를 쏘았다. 오스만군 사령관 알리는 도리아 함대의 측면을 위협하면서 대해로 유인하고, 이때 생긴 틈을 공격했으나 동맹 해군의 예비대를 지휘한 산타 크루즈가 알리의 함대를 격파했다. 베네치아군의 지원을 받은 신성동맹군의 중앙과 좌익은 적의 우익을 해안으로 밀어붙이는 등 4시간에 걸친 격렬한 전투를 벌여 투르크군의 우익을 거의 전멸했다. 총사령관 돈 후안이 지휘한 동맹 해군의 본진도 예비군의 도움을 받아 오스만의 총사령관 알리 파샤가 지휘한 선대를 공격해 사령관의 기함을 나포하는 등 대승을 거두었다. 이때 알리 파샤도 전사했다.

양편의 전사자가 8천여 명에 달했고, 많은 전선이 침몰하거나 파괴되었다. 오스만제국은 갤리선 50여 척이 침몰되거나 불탔으며 117척이 나포됐다. 거기다 수천 명의 군인이 죽거나 포로로 잡혔다. 반면 동맹군의 손실은 비교적 경미했다. 그들은 갤리선 12척을 잃었고, 8천여 명이 부상했는데, 그중에는 스페인 출신 미구엘 세르반테스도 있었다. 동맹군은 오스만군에 사역당하던 기독교도 노예 1만 5천여 명도 해방했다.

술레이만 시대의 오스만제국 해군은 동지중해는 물론 서지중해와 대서양 연안까지 진출할 정도로 강력한 군세를 자랑했다. 그러나 레판토해전이 일어날 무렵의 제국의 해군력은 미흡한 점이 많았던 것으로 평가된다. 제국의 수상 루피트 피샤는 그 무렵 자국의 부족한 해군력을 우려했다. 그는 "이전에 대술탄 시절에는 땅을 통치한 사람은 많았지만 바다를 통치한 사람은 거의 없었다. 해전에서 이교도들은 우리보다 우수하다. 우리는 그들을 극복해야 한다"고 말했다. 하지만 오스만제국은 해군력에서의 한계를 제대로 보완하지 못했고, 결국 가톨릭교의 신성동맹군에게 참패했다.

레판토해전과 세르반테스

명작『돈키호테』를 쓴 세르반테스는 레판토해전에서 큰 공을 세웠다. 당시 24세였던 그는 레판토해전이 신성동맹의 완전한 승리로 끝나자 "과거나 현재의 사람들이 보았고 미래의 사람들도 보고 싶어할지도 모를 가장 고귀한 순간"이라고 말했다고 한다. 그러나 그는 전쟁 중에 가슴과 왼손에 부상을 입어 평생 왼손을 못 썼었으며, 스페인으로 귀국하던 중 자칫 생명을 잃을 뻔했다. 귀국선이 난파해 형 로도리고와 함께 노예로 팔려 갈 처지였으나 먼저 풀려난 형이 석방금으로 금화 5백 에스쿠도를 지불해 감금된 지 5년 만인 1580년에 겨우 자유로운 몸이 되었다.

16~17세기의 오스만제국

오스만제국은 1538년과는 달리 레판토해전에서 베네치아가 주축이 된 신성동맹에게 크게 패했다. 사실 기독교 세계가 레판토해전을 승리로 장식했지만, 스페인이나 베네치아 등이 얻은 장기적 이익은 미미했던 것으로 평가된다. 거기다 동맹 결성 이전부터 아주 다른 이해관계 때문에 반목하던 스페인과 베네치아가 눈앞의 이익만을 생각해 대립함으로써 그나마 위기에서 벗어났다. 오스만제국은 키프로스를 포기한 베네치아와 평화조약을 맺었고, 1574년에 튀니스를 회복했다. 그리하여 오스만제국은 1574년 이후부터 큰 도전을 받지 않는 상태에서 북아프리카를 지배할 수 있었다.

중동 및 발칸반도에서의 전쟁

레판토해전 직후에 즉위한 무라드 3세(재위 1574~1595)는 페르시아가 내분에 빠져 있는 기회를 이용해 소아시아의 오스만-페르시아 국경을 확정지으려 했다. 1578년부터 1590년에 걸친 세 차례의 전투를 통해 오스만제국은 아제르바이잔, 다게스탄, 시르반, 게오르지아, 루리스탄 등을 자국의 영토로 편입해 제국의 동쪽 국경도 상당히 안정되었다. 하지만 발칸반도에서의 형편은 그리 순탄하지 않았다. 오스만제국은 도나우강 국경 지대를 따라 오스트리아를 끊임없이 공격했지만 보스니아에 주둔해 있던 제국의 군대는 1593년에 시삭전투에서 오스트리아에 패배했다.

오스만제국의 오랜 적인 헝가리 또한 시삭전투에 고무되어 군대를 움직이자 몰다비아, 왈라키아, 트란실바니아 등이 술탄과의 동맹을 깨고 오스트리아 편에 가담했다. 제국의 북쪽 요충지 에스테르곰이 헝가리로 넘어갔다(1595). 메흐메드 3세(재위 1595~1603)는 발칸반도 북쪽의 심각한 상황을 개선하기 위해 1596년에 대군을 이끌고 출전해 메죄-케르체스전투에서 오스트리아군을 물리쳤으나, 결정적 승리를 얻지는 못했다.

메흐메드 3세를 이어 13세에 술탄이 된 아흐메드 1세(재위 1603~1617) 또한 발칸반도에서는 오스트리아와 싸우고 중동에서는 페르시아와 싸웠다. 오스만제국은 헝가리에서 에스테르곰을 회복하고, 트란실바니아도 제국의 영향권 아래로 들어왔다. 그러나 예니체리의 지속적 반란과 페르시아의 도전 때문에 제국은 오스트리아와 평화조약을 체결하지 않을 수 없었다. 오스트리아가 20만 두카트를 지불한 대신 오스만제국은 이후 공식 문서에 오스트리아 황제 역시 이슬람권에서 황제를 뜻하는 파디샤padishah로 기록했다. 1611년에는 페르시아와도 평화조약을 맺었는데, 페르시아는 오스만제국에 백만 파운드의 비단을 주기로 했다.

오스만제국의 정치제도와 군사제도

제위 계승 관행과 권력투쟁

오스만제국에는 제위 계승과 관련한 관행은 있었지만 제위 계승 제도라 부를 만한 것은 없었다. 오스만 1세가 왕조를 개창한 이래 19세기까지 650여 년 간 오스만 왕가의 통치권은 도전받지 않았지만 확립된 제위 계승 제도가 없었기 때문에 제국이 심하게 분열하거나 위기에 빠지는 경우가 많았다.

오스만제국은 장자가 제위를 잇는 장자상속제를 택하지 않았다. 군림 중인 술탄이 나이가 들어 늙으면 본격적으로 왕위 다툼이 시작되는데, 형제들을 제거한 왕자가 제위를 차지했다. 제국의 왕자들은 14세가 되면 특정 지역의 총독이 되었지만,

술탄이 되기 위해서는 더 중요한 지방의 총독이 되는 것이 필요했다. 중앙정부 군대의 지지를 받을 경우 훨씬 유리한 입지를 확보할 수 있었기 때문에 아흐메드 1세가 새로운 관행을 도입하는 1603년 전까지는 왕자, 왕비, 수상, 장군들 사이에 음모와 술수가 끊이지 않았다.

술탄 쟁탈전에서 승리한 왕자가 술탄이 되었고, 그는 관행에 따라 다른 형제들을 죽임으로써 자신이 새로운 술탄이라는 것을 확실히 하려 했다. 술탄에 즉위하지 못한 왕자들을 살해하는 것과 아흐메드 1세 이후 그들을 카페스로 유폐시키는 것은 모두 술탄 도전자를 제거해 새 술탄의 지위를 공고히 하기 위한 관행이었다. 새로운 술탄은 궁중에서 신하들의 충성 서약을 받고 에이위브Eyüb에서 칼을 허리에 차는 의식을 거행한 다음 술탄의 친위대인 예니체리에게 돈을 나누어 주었다.

술탄의 궁궐을 수비하고 술탄에게 봉사하는 궁궐 관리들은 궁궐을 수비하는 일 말고도 수도와 지방을 방어하기도 했다. 궁정 관리의 수장 격인 예니체리의 대장, 기병 및 포병 장군, 주마료主馬寮 장관 등은 술탄을 수행하고, 군대를 지휘하거나 이스탄불의 치안을 맡았다. 그 아래로 건물이나 수도를 관리하는 관리, 호위병, 사환 등이 궁궐에서 술탄을 위해 일했다.

술탄 형제 살해 관행 폐지

아흐메드 1세는 독재자였지만 제국의 역사에 중대한 영향을 준 한 가지 개혁을 단행했다. 그는 즉위하는 데 성공한 술탄이 나머지 형제를 죽이는 관행을 없앴다. 새 술탄의 형제들은 죽임을 당하는 대신 카페스kafes라 부르는 외지고 밀폐된 곳에 유폐되었다. 술탄이 바뀔 때마다 주기적으로 되풀이되던 왕자들 사이의 권력투쟁은 완화됐지만, 새 관행에도 문제는 있었다. 술탄이 후사 없이 타계할 경우 카페스에 유폐되어 있는 그의 형제 중 한 사람이 뒤를 이었는데, 그럴 경우 제국은 대개 물정을 잘 모르고 몸이 허약한 술탄을 맞이해야 했다.

아흐메드 1세의 동생 무스타파는 생명을 잃는 대신 카페스에 유폐되었다. 아흐메드 1세는 어린 아들 하나만을 남겨 두고 타계했으므로 동생 무스타파 1세가 술탄이 되었다(1617). 새 관행은 왕자들 사이의 생명을 건 투쟁을 완화했지만 권력을 둘러싼 궁중의 음모가 사라진 것은 아니었다. 오스만제국의 역사에서 17번 일어난 술탄 폐위 사건 중 14번은 1600년 이후에 일어났다는 사실이 그것을 말해 준다.

하렘

오스만제국은 규모가 크고 관리가 잘된 하렘harem으로도 유명하다. 술탄은 왕비를 비롯해 많은 후궁을 두었는데, 모든 여성들 혹은 그들이 생활한 규방을 흔히 하렘이라 불렀다. 하렘은 술탄의 모후가 통제했는데, 모후 아래에 왕자를 생산한 왕비들이 있었고, 다시 그 아래에 후궁들과 젊은 여성들이 있었으며, 여성 노예도 있었다.

놀라운 일은 아니지만, 술레이만 1세가 죽고 나서 제국이 흔들리면서 하렘은 정치에 상당한 영향을 끼쳤다. 이전에 하렘은 별다른 영향력을 발휘하지 못했고, 또한 고립된 곳에서 생활했다. 하렘의 수장인 모후는 궁궐의 실제 관리자로서 하렘 여성들과 술탄의 관계를 통제하고, 메카와 메디나에 보낼 종교기금도 관리했다. 초기에는 코카서스 출신의 백인 환관들이 하렘을 수비했으나 16세기 말에 이르러 나일강 상류 출신의 흑인 환관들이 하렘을 지켰다. 흑인 환관들은 이스탄불로 실려 오는 도중에 거세되었다고 한다.

정치제도와 군사제도

소아시아의 작은 나라들 중 하나에 불과했던 오스만제국이 소아시아를 비롯해 도나우강 이남의 발칸반도, 중동 지역, 북아프리카에 걸친 대제국으로 성장하는 원동력은 무엇이었을까? 앞에서 '가자-가지스' 및 '성전' 이상이 원동력 중의 하나였음을 지적했다. 하지만 정치제도와 군사제도가 뒷받침되지 않았다면 '가지스-가자' 및 '성전' 이상도 위력을 발휘하는 데 한계가 있었을 것이다.

중앙 및 지방행정

술탄은 정치와 종교에서 제국의 최고 지배자였다. 술탄 아래에는 수상이 있어 정부를 이끌었다. 수상은 왕실과 울라마 ulama – 이슬람 세계의 전통 조직인 이슬람 공동체 – 의 일과 오스만제국의 정치와 군사를 총괄했다. 메흐메드 2세가 술탄을 수행하며 근시近侍하는 관행을 없앤 이후 수상은 국무회의의 수장이 되었다. 수상이 이끈 내각 겸 국무회의는 장관 7명, 예니체리의 대장, 군사재판관 2명, 해군제독, 대법관, 재정관, 그리고 수도 이스탄불에 머물고 있을 경우 지방의 총독 등이 참석했다. 최고의 집행기구 및 재판기구인 국무회의는 거의 날마다 열렸다. 17세기 이후 오스만제국의 정치권력은 술탄에서 서서히 수상으로 옮겨 갔다. 수상이 전쟁으로 수도를 떠나 있을 때는 높은 위치의 장관이 수상 역할을 했다.

오스만제국의 지방행정은 중앙에 비해 조직성이 부족했던 것 같다. 제국에는 원래 총독이 지배한 주州 2개-루멜리아와 아나톨리아-가 있었다. 그러나 제국의 영역이 넓어지면서 새로운 주와 구區들이 생겨났다. 주와 구의 지배자들은 사실 봉토로 생활하고, 아래에 둔 기사를 동원해 전쟁에 참여한 봉건적 지배자들이었다. 그들의 지위는 대개 세습되었다. 하지만 이슬람적인 기구가 있었던 아랍 지역의 경우는 봉건적 지배 체제에 의존하지 않았다. 특히 페르시아 국경 지대의 쿠르드족 수장들과 이집트의 마멜루크 왕조는 상당한 정도의 권력을 갖고 있었다. 또한 크림반도는 반半독립적인 타타르족 칸(군주)들의 지배를 받고 있었고, 몰다비아, 왈라키아, 트란실바니아 또한 기독교계 영주들의 지배를 받았다. 그처럼 오스만제국의 속주들은 대개의 경우 실제로 지방 세력의 지배 아래 있었다.

속주민들은 중앙정부와 지방정부 모두에 세금을 내야 했다. 중앙정부는 제국 전체에 걸쳐 부과한 세금 외에도 관세, 공물, 전리품 등을 지방에서 거둬 갔다. 가끔 거액의 잉여 수입이 생길 경우에는 술탄의 금고로 들어갔다. 하지만 16세기 이후 점차 세금 청부업이 널리 퍼지고, 다양한 종류의 세금이 중복 부과되면서 재정은 오히려 궁핍해지고 부패는 더 심해졌다.

군사제도

무함마드의 아랍-이슬람제국과 마찬가지로 오스만제국도 주변 세력과의 전쟁을 통해 성장했다. 강력하고 용맹한 군대가 없었다면 투르크족은 소아시아, 발칸반도, 중동 지역, 북아프리카에 걸친 대국으로 성장하기는커녕 소아시아의 작은 토후국으로 만족해야 했을지 모른다. 하지만 건국 초기의 제국은 상비군 체제를 갖추지 못했다. 오스만가의 전사들을 지휘해 주변 세력과 싸운 초기의 술탄들은 정복지를 통제하고 그 주민을 전사로 편입하기 위해 일종의 봉건적 군사체제와 행정체제를 개발했다. 정복지의 유력자들은 독자적으로든 집단적으로든 제국에 군사력을 제공하는 대신 지방의 행정을 담당함으로써 제국의 봉신이 되었다.

그러나 제국이 성장하면서 이러한 군사제도의 한계가 드러났고, 상비군의 필요성이 커졌다. 그리하여 상비군격인 예니체리, 포병대, 기병대 등이 창설되었다. 무라드 1세는 보병으로 구성된 예니체리를 조직했고, 무라드 2세는 포병대를 창설했으며, 메흐메드 2세는 장갑부대를 창설했다. 물론 기병 상비군도 있었는데, 술탄의 친족들이 지휘하는 기병대는 예니체리와 권력투쟁을 벌이는 일이 잦았다. 그 밖에도 월급이 없기 때문에 약탈로 생활하는 척후병 및 속주에서 모병된 국경수비대도 있었다.

초기의 술탄들은 흔히 수상이나 장군들을 대동하고 직접 군대를 지휘했다. 하지만 16세기 이후에는 대개 수상이 사령관으로 출전했는데, 그때부터 예니체리를 비롯한 모든 군대의 질이 떨어지기 시작했다.

무라드 2세가 처음 창설한 해군은 북아프리카의 알제이를 오스만제국에 복속시킨 카이르 에드-딘이 국무회의에 참석한 (1533) 뒤 편제를 확립했다. 해군제독 출신인 그는 갈리폴리와에게에서 총독을 역임했다. 제국의 함대는 이탈리아 양식을 기본으로 삼은 혼합형이었다. 예니체리와 봉신 출신인 해군제독의 전사들이 전투를 담당했고, 주로 무슬림과 그리스인들이 선원으로 일했다. 반면 노예나 포로들이 노를 저어 전함을 움직였다.

예니체리와 술탄

예니체리는 술탄의 친위대였고, 1826년에 해체될 때까지 오스만제국의 핵심 상비군이었다. 평화로울 때 대부분의 다른 군대는 해체되었으나 예니체리는 위기에 대비하는 상비군으로 남아 있었다.

예니체리란?

새로운 군대 예니체리yeniceri는 1363년에 창설된 것으로 알려져 있다.('예니체리'란 '새로운'을 의미하는 yeni와 '군대'를 의미하는 ceri의 합성어다.) 당시 발칸반도 진출을 기도한 무라드 1세는 새로운 정예 군대가 필요하다는 것을 절감했다. 마침 제국에는 많은 전쟁포로가 있어서 새로운 군대를 만들 수 있었다. 하지만 예니체리가 체계적인 조직을 갖춘 것은 무라드 2세 때인 15세기 초엽이었다.

바야지드 1세와 무라드 2세 이래 오스만제국에 정복당한 발칸반도의 기독교도 청소년들이 예니체리의 주된 자원이 되었다. 또한 소년 죄수들도 예니체리에 들어갈 수 있었다. 정복지의 기독교 출신 청소년들은 우선 특정 속주에서 투르크어를 익히고 무슬림 전사로 훈련받은 다음 다시 이스탄불의 궁정학교에서 군사교육을 받았다.

예니체리 대원은 술탄의 노예로서 술탄의 명령에 절대 복종해야 했다. 황제의 친위대 겸 국가 상비군이었기 때문에 예니체리의 규율 또한 아주 엄격했다. 술탄에게 절대 충성을 맹세한 예니체리 대원은 병영에서 독신으로 살아야 했으며, 알라에 절대 복종해야 했고, 사치를 멀리하고 경제활동을 못했다. 평상시 예니체리의 주된 임무는 수도와 국경을 방어하는 일이었다. 물론 전쟁이 일어났을 때는 육전과 해전에서 제국의 주력 군대였다. 전쟁 때 예니체리는 심지어 무기를 선택하고 조달하는 일까지 맡았다.

초기의 예니체리는 소수 정예부대로서의 특징을 잘 유지했다. 오스만제국은 16세기까지 예니체리의 엘리트적 특성을 보전하기 위해 대원을 아주 제한해서 모집했다. 그러나 무라드 3세 이후 예니체리에 대한 인기가 더 커지면서 그 숫자가 10만을 넘었다. 또한 투르크족 무슬림들이 예니체리의 주된 구성원이 된 1700년 무렵부터는 기독교도 출신 청소년은 거의 제외되었다.

데브쉬르메와 오스만제국의 이민족 회유정책

무라드 2세 이후 오스만제국이 정복지의 기독교계 청소년들을 뽑아 예니체리 대원으로 삼았다는 것을 이야기했지만, 그 관행은 제국이 정복한 민족을 회유하기 위해 택한 정책이기도 했다. 메흐메드 1세와 무라드 2세 이후 오스만제국은 투르크족 정복자들보다 훨씬 많은 기독교계 예속민들을 통치했다. 인종뿐만 아니라 종교도 다른 많은 피정복 민족은 언제나 저항 세력으로 변할 수 있었다. 발칸반도의 기독교계 피정복민들의 저항을 의식해 오스만제국이 택한 정책 중 하나는 회유책이었다. 정복지의 유력자를 제국의 봉신으로 삼은 것도 회유책의 일환이었다.

데브쉬르메devshirme제도 또한 발칸반도의 기독교계 피정복민의 정치, 경제, 사회, 종교에 대한 불만을 해소하기 위한 방책이기도 했다. 바야지드 1세 때 처음 시작된 것으로 보이나 무라드 2세 때 정착된 데브쉬르메는 기독교도 청소년을 선발해 속주와 수도에서 교육한 뒤 술탄에 충성하는 관리나 군인(대부분이 예니체리)으로 만드는 제도였다. 제국은 예니체리와 예니체리 출신의 관리를 지방정부에 파견함으로써 술탄의 지방행정 장악력을 높여 중앙정부를 안정시킨 뒤 정복한 민족을 회유했던 것이다.

예니체리의 정치적 농단

예니체리는 제국의 군사적·정치적 성장에 크게 기여했지만, 다른 한편 제국을 정치 혼란에 빠지게 만들기도 했다. 특히 제위를 둘러싼 권력 다툼이 격화되면서 기강이 흔들리고, 국경을 지키는 일이 힘들어진 17~18세기 이후 예니체리는 흔히 제국의 정치 혼란의 중심에 있었다. 그들은 정치에 간여하여 국정을 혼란에 빠뜨리고 수상과 같은 고위 관리는 물론 술탄까지 폐하고 살해하는 등 정치적 음모와 술수를 마다하지 않았다.

메흐메드 2세는 13세에 즉위할 때 예니체리의 충성심을 얻기 위해 예니체리에게 주화를 지급했는데, 이후 이것이 관례가 되었다. 동생 젬을 꺾고 술탄이 된 바야지드 2세는 즉위할 때 예니체리에 굴복해 그들의 급료를 올려 주었는데, 그 이후 술탄이 즉위할 때 예니체리의 급료를 인상하는 것이 관례가 되었다. 물론 그것은 결국 제국의 재정을 파탄나게 했다. 뿐만 아니라 바야지드 2세는 권력투쟁을 벌리던 예니체리가 일으킨 반란을 겪기도 했다.

아흐메드 1세에 이어 그의 형제인 무스타파 1세(재위 1617~1618)가 술탄으로 즉위했다. 아흐메드의 아들이 어렸기 때문이다. 하지만 그는 정신병을 앓아 술탄 자리를 보전할 수 없었다. 그의 정신병은 14년 동안 카페스에 유폐되어 있었던 것과 무관하지 않을 것이다. 아흐메드 1세의 아들인 오스만 2세(재위 1618~1622)가 숙부에 이어 술탄 자리를 차지했다.

오스만 2세는 부패하고 무력해진 예니체리를 개혁하려다 오히려 죽음을 당했다. 예니체리를 대신할 군대를 창설하기로 작정한 오스만은 시리아와 아라비아에서 충성스럽고 기율 있는 군대를 모집하기 위해 메카 순례 여행을 하기로 계획했다. 하지만 사전에 그의 계획을 탐지한 예니체리는 이스탄불 시가를 행차하던 오스만을 살해했다(1622). 예니체리는 무스타파 1세를 다시 술탄에 옹립했으나 곧 쫓아내고(1622~1623), 어린 무라드 4세(재위 1623~1640)를 술탄에 추대했다.

무라드 4세는 성년이 되어 모후 퀘셈 술탄의 섭정을 벗어나게 되자 제권의 강화를 도모했다. 페르시아를 공격해 바그다드와 예레반을 되찾은 다음, 페르시아와 협정을 맺고 오스만-페르시아 국경을 확정하는 데 성공했다. 무라드는 귀국하자마자 일대 숙청을 단행했다. 그는 이브라힘을 제외한 형제들을 죽인 다음 많은 신하들을 처형했다.

예니체리는 그 밖에도 이브라힘 1세를 살해했는가 하면(1648),

메흐메드 4세 폐위(1687), 무스타파 2세 폐위(1703), 아흐메드 3세 폐위(1730)에도 중요한 역할을 했다. 술탄 폐위는 제국 역사에서 17번이나 일어났는데, 예니체리는 1600년 이후 일어난 14번의 폐위에 직접 혹은 간접으로 연루되었다.

쇠퇴하는 오스만제국

권력투쟁과 무익한 전쟁

무라드 4세는 동부 지역의 국경을 안정되게 만들고 숙청을 단행해 술탄의 권위를 높이려 했지만, 제국이 침체하는 것을 막지 못했다. 무라드 4세를 이은 이브라힘 1세(재위 1640~1648)는 유희에 몰두해서 정치와 국정을 소홀히 했다. 그러자 모후 퀘셈 술탄을 비롯한 여인들이 제국을 거의 무정부 상태로 만들었다. 지방은 물론 수도까지 혼란에 빠지자 결국 베네치아의 도전을 받았다. 제국은 크레타에서 베네치아에게 크게 졌을 뿐만 아니라 다다넬즈해협의 제해권을 베네치아에게 빼앗겨 경제도 심한 타격을 받았다. 이브라힘은 결국 반란 중에 피살되었다.

이브라힘을 이은 메흐메드 4세(재위 1648~1687)는 6세에 술탄에 올라 그의 조모 퀘셈 술탄이 섭정했다. 예니체리는 섭정체제의 혼란을 이용해 실권을 장악하고, 빵을 사고파는 등 모든 이권을 장악했다. 제국은 메흐메드 4세의 조모와 모후의 권력투쟁 무대가 되었다. 메흐메드 4세의 모후 투르한 술탄은 퀘셈 술탄에게서 권력을 뺏으려 했다. 제국은 대립하는 각 군대에 의지한 주모와 모후의 싸움으로 무정부 상태가 되어 갔다. 모하메드 4세 독살 혐의를 씌워 퀘셈 술탄을 고발한 투르한은 예니체리를 동원한 퀘셈을 제거하고 결국은 승리자가 되었다.

퀘셈을 제거한 뒤 권력을 장악한 투르한은 1656년에 퀘프 뤼뤼스를 수상에 앉혔다. 제국은 그의 선책으로 중흥의 길로 들어서는 듯했다. 육군을 근본적으로 개혁하고, 해군을 정비한 뒤 베네치아를 물리쳐 렘노스섬과 다른 섬들을 빼앗았다. 개편된 육군은 트란실바니아의 반란도 진압했다. 그가 수상 중심의 정치를 시작했지만, 제국은 다시 침체하기 시작했다.

재임 5년 만에 타계한 퀘프 뤼뤼스에 이어 수상이 된 그의 아들 아흐메드는 오스트리아와 벌인 전투에서 패했다. 트란실바니아에서 1663년에 다시 소요가 일어나자 오스만제국은 그 배후 세력인 오스트리아를 응징하지 않을 수 없었다. 하지만 젠트고타르드전투에서 프랑스군의 지원을 받은 오스트리아에 패한 오스만제국은 1664년 8월에 오스트리아와 바스바르조약을 맺고 20년 간의 휴전에 합의했다. 트란실바니아는 오스만제국의 속국으로 남아 있었으나 황폐한 땅으로 변했다.

오스만제국은 젠트고타르드전투에서 오스트리아를 지원한 프랑스에 복수하기로 했다. 제국은 프랑스의 보호를 받고 있는 나라 안의 가톨릭교도들의 특권을 빼앗은 뒤 그들을 그리스정교회로 넘겨주었다. 이에 맞서 프랑스는 크레타를 놓고 오스만제국과 싸우는 베네치아를 지원했다. 하지만 오스만제국이 크레타 북부의 요충지 칸디아를 장악한 뒤 양국은 협상 탁자에 마주 앉았다. 제국은 크레타를 차지하고, 베네치아는 주변의 작은 섬들인 소우다, 스피나로냐, 그라보우사를 갖기로 했다(1669).

오스만제국은 그 후에 일어난 우크라이나 사태로 폴란드와 일전을 벌였다. 카메네츠, 렘베르그, 루브린 등을 점령한 제국은 폴란드와 조약을 맺고 폴란드로부터 해마다 2만 2천 세퀸sequin의 공물을 받는 대신 우크라이나를 코사크족에게 넘겨주기로 했다. 폴란드의 존 3세가 조약 비준에 반대해 양국은 다시 전쟁을 벌였으나, 1676년에 공물과 관련한 조항을 제외한 원안대로 협약이 체결되어 평화를 회복했다.

1676년에 수상이 된 카라 무스타파는 군사적 야망이 큰 인물이었다. 그는 아무 이익이 없는 전쟁을 여러 차례 벌였는데, 러시아와의 전쟁도 그중 하나였다. 초반에는 승리했지만 결국은 1681년에 라드진에서 크게 패해 러시아에 영토를 양보해야 했다. 그는 또한 1664년의 평화조약을 깨고 오스트리아와 싸웠으나(1683), 빈을 포위하는 등 첫 번째 전투에서 우세했는데도 결국 폴란드의 지원을 받은 오스트리아에게 패했다.

더욱이 1683년의 오스만-오스트리아 전쟁은 오스트리아, 베네치아, 교황청, 러시아, 폴란드, 말타, 토스카나 등이 오스만제국에 대항하는 동맹을 결성하는 계기가 되었다. 이후 오스트리아는 헝가리를, 베네치아는 그리스를, 러시아는 크림반도를, 폴란드는 포도리아를 장악했다. 오스만제국은 프랑스와의 동맹을 회복하려 했으나 실패했고, 그 와중에 반란을 일으킨 예니체리가 1687년에 메흐메드 4세를 내쫓았다. 오스만제국은 이후 줄곧 침체 내지 약화의 길에서 벗어나지 못했다.

계속된 군사적 실패

이때 수도 이스탄불에서는 튤립 정원을 가꾸는 것이 유행했는데, 오스만제국의 역사에서 이 시기를 '튤립tulip 시대'라고 부른다. 그러나 '튤립'에 어울리지 않게 제국의 위상이 크게 흔들린 시기였다. 앞에서 이브라힘과 메흐메드 4세 이후, 특히 수상이 정치의 중심에 등장한 이후 오스만제국의 정치와 군사력이 약해진 것을 살펴보았지만 17세기 말과 18세기 초에 이르러서도 침체는 끝나지 않았다.

제국은 발칸반도를 비롯해 여러 지역에서 연달아 패해 영토를 잃어버렸는데, 그 영향으로 국민의 사기도 크게 떨어졌다. 예니체리의 요구를 받아들이고, 그들이 추천한 수상을 임명함으로써 술탄에 오를 수 있었던 아흐메드 2세(재위 1691~1695) 때에는 크로아티아의 슬란카멘전투에서 오스트리아에 져서 수상 쾨프 뤼뤼스 무스타파가 전사했으며(1691), 이어서 베네치아에 키오스섬을 빼앗겼다. 한때 키오스를 회복하고 오스트리아와 싸워 리파를 장악했으나, 다시 러시아와 오스트리아에게 패했다. 오스만제국은 결국 무력에 의지하는 정책을 버리고 오스트리아, 베네치아, 폴란드 등과 칼로위츠에서 일련의 조약을 체결했다(1699). 그로 인해 제국은 바나트를 차지하는 대신 오스트리아는 트란실바니아를, 폴란드는 카메네츠, 포도리아, 우크라이나를, 베네치아는 모레아와 달마티아를 차지했고, 러시아와는 2년 간 휴전하기로 합의했다. 술레이만대제 때와 견주어 보면 오스만제국의 이와 같은 후퇴는 거의 상상할 수 없는 일이었다.

그 후 전열을 정비한 오스만제국은 1715년에 몬테네그린(남유고슬라비아)의 반란을 진압하고, 크레타 주변의 티노스와 케리고 등을 장악하고, 크레타에 있던 베네치아의 요새들을 장악했다. 하지만 이어 벌어진 오스트리아와의 전쟁에서 오스만제국은 다시 베오그라드와 바나트를 빼앗기고 결국은 에디르네까지 물러나야 했다(1717). 영국과 네덜란드의 중재로 체결된 1718년의 파사로위츠조약에서 오스만제국은 베오그라드, 왈라키아의 일부, 바나트를 오스트리아에게 넘겨주고, 알바니아의 요새들과 달마티아를 베네치아에 넘겨주었다. 이어 페르시아와의 싸움에서도 패하고, 러시아에 바쿠와 데르벤트를 넘겨

주는 상황에 이르자 수도에서 반란이 일어났다. 목욕탕 일꾼 출신인 파트로나 카릴이 지휘한 반란군은 수상을 살해하고 술탄을 내쫓았다(1730). 그리하여 '튤립 시대'는 막을 내렸다.

마흐무드 1세(재위 1730~1754)는 파트로나 카릴을 제거하고 반도들을 해산하는 데는 성공했으나 페르시아와의 싸움에서는 패했다. 그리하여 제국은 무라드 4세 이래 점유해 온 영역을 모두 페르시아에게 돌려주어야 했다(1736). 1736~1737년에는 러시아군이 크림반도를 장악한 뒤 아조브, 킬부룬, 오차코프 등을 점령했다. 또한 오스트리아군은 보스니아와 왈라키아까지 진출해 세르비아의 니스를 장악했다. 다행히 제국의 군대가 다시 베오그라드로 진입한 다음 오스트리아 및 러시아와 맺은 조약에 따라 오스만제국은 오스트리아로부터 베오그라드를 되돌려 받았다. 러시아 또한 아조브의 요새를 파괴했을 뿐만 아니라 흑해에 함대를 두지 않기로 했다.

이처럼 전쟁에서 거듭 패배한 18세기 전반의 오스만제국을 상징하는 것은 무지, 독재, 부패, 허약한 술탄이었다. 중앙과 지방 가릴 것 없이 혼란과 무질서가 지배하고 부패가 만연했다. 특히 예니체리의 정치 간여는 제국의 행정체계를 마비시켰다. 트리폴리, 튀니스, 알제이의 반半자치 국가들은 오스만제국과 형식적인 관계만을 유지할 뿐 사실상 독립국으로 발전했다. 국력이 강화된 이집트의 마멜루크 왕조 또한 예니체리와 결탁해 이스탄불 중앙정부를 위협했다. 베오그라드의 장군들도 마찬가지로 중앙정부를 위협했으며, 제국의 유럽 영토에서는 지방 귀족들이 행정을 농단했다. 이처럼 제국 전체에 개혁의 발목을 잡는 분위기가 만연했기 때문에 개선을 하기 위해 노력했지만 전반적인 개선·개혁은 불가능했다.

제국의 한계성

군사적 부패

제국의 회생을 방해한 것은 무엇보다도 무능한 술탄들이었다. 특히 수상이 국정의 중심으로 등장한 17세기 중엽 이래로 술탄들은 흔히 궁궐에서 고립되어 생활하면서 유희에 몰두했다. 따라서 술탄들은 정치 통제권과 군사 통수권을 제대로 행사하지 못했다. 거기다 일부 술탄은 무능한 사령관을 임명한 뒤 전쟁에서 질 경우 그들을 처형함으로써 군사령관들의 창의성을 발휘할 수 없게 만들었다.

무라드 3세가 치세할 때 군대가 증원되었으나 철저히 훈련시키지 못했다. 각 부대의 병사들은 병영에서 훈련받지 못했고, 따라서 군대의 질은 더욱 떨어졌다. 군수품과 탄약 보급 또한 무질서하게 이루어져 많은 병사들이 배고픔과 보급품 부족으로 고통받았다. 그 위에 예니체리의 농간은 제국의 군사력 약화를 더욱 조장했다. 예니체리의 지휘자들은 거리를 지나가는 남성의 이름을 예니체리 병적에 올려놓은 다음 그들의 급료를 가로챘던 것이다. 그로 인해 칼로위츠조약(1699)과 파사로위츠조약(1718) 이후 병적에 올라 있는 군인 수는 늘어났으나 실제 군인 수는 감소하는 이상한 현상이 발생했다. 물론 부패와 부정을 치유하려는 노력이 없지 않았으나 대개 실패로 끝나고 말았다.

사회와 문화의 후진성

술탄이 자주 바뀌자 그렇지 않아도 부족한 국고가 고갈되어 제국의 상황은 더욱 어려워졌다. 술레이만대제 때를 전후해 괄목할 만한 발전을 한 과학과 산업 또한 17~18세기에는 침체했다. 다만 술탄들이 후원한 모직물 산업만은 상당히 활발했다. 그리고 군수품 및 탄약 관련 산업도 어느 정도 명맥을 유지했는데, 그것은 기술을 전수받은 기능공들과 초빙한 서구의 기술자들이 있었기 때문이었다.

정치와 군사 부패와 무능 못지않게 17~18세기의 오스만제국을 괴롭힌 것은 문화의 후진성이었다. 사실 당시의 오스만제국은 정치, 군사, 문화에서 괄목할 만한 성장을 한 절대주의 시대 유럽에 비해 전반적으로 뒤떨어져 있었다. 심지어 제국의 공직자 중에도 문맹자가 많았고, 재판관들도 대부분 무식했다. 투르크인들은 어떤 유럽 언어도 배우지 않으려 했고, 세계의 이곳저곳에서 일어나는 일들을 알지 못했다. 그들은 국제적으로 어떤 중대한 일이 일어날 경우 서유럽인이나 유대인을 고용해 사태를 파악하려 했고, 따라서 시간이 흐를수록 외국 전문가에게 더욱 의존하게 되었다. 문학 활동은 비교적 활발히 이루어졌으나 철학, 수학, 역사 분야의 책들이 출판되는 경우는 드물었다.

셀림 3세의 개혁 시도

18세기 말에 이르러 제국은 개혁을 미룰 수 없는 상황에 처했다. 셀림 3세(재위 1789~1807)는 이러한 시대 요청에 응해 개혁을 추진했다. 제국의 전반적 개혁을 시도한 셀림 3세는 약 백여 년 앞서 근대화 및 서구화를 의욕적으로 추진한 러시아의 표트르대제(재위 1682~1725)에 비교할 수 있을 것이다.

무스타파 3세의 아들로 술탄에 오른 셀림 3세도 술탄이 되기 전엔 사실 유폐나 다름없는 상황에 있었다. 하지만 프랑스 문화 예찬자인 그는 프랑스 국왕과 비밀리에 서신을 주고받았고, 그것을 통해 세상사에 대해 유용한 정보를 얻을 수 있었다. 그는 술탄이 되기 전부터 모든 면에서 제국을 개혁해 서구화하는 때가 올 것으로 기대했다. 새로운 오스만제국을 꿈꾸어 온 그는 술탄이 되자 표트르대제와 똑같이 제국의 서구화를 정력적으로, 그리고 많은 피의 대가를 치르면서 추진했다.

셀림 3세는 우선 진행 중인 러시아와의 전쟁을 승리로 끝냄으로써 술탄의 위엄을, 즉 개혁에 절대로 필요한 술탄의 위엄을 높이려 했다. 그는 제국의 군대가 카라스에서 러시아군에게 패했다는 소식을 듣자 즉시 패인을 분석한 뒤 내적 개혁을 제안했다. 그는 다방면에 걸친 개혁안을 제시했다. 그가 제안한 개혁에는 총독의 간섭을 배제한 상태에서 주민의 시장 및 고위 관리 선출, 비무슬림 국민의 몫인 불법 공물 중지, 군대와 행정의 서구식 제도로의 개편 등이 포함되어 있었다.

그러나 그 즈음 오스만제국은 세르비아에서 오스트리아와의 싸움에서 패해 베오그라드를 잃었으며, 러시아에 폭사니를 빼앗겼다. 제국은 러시아에 적대적인 독일 황제 레오폴드 2세와 1791년에 평화조약을 맺는 데 성공해 베오그라드를 되찾았지만, 러시아와의 분쟁은 영국의 중재에도 쉽사리 해결되지 않았다. 제국은 우여곡절 끝에 러시아와 협약을 맺어 드니에스터를 오스만-러시아 국경선으로 확정지었다(1792).

셀림 3세는 개혁을 중단하지 않았다. 예니체리의 저항 때문에 결국 예니체리에 소속시켰지만 새로운 군대를 창설했고, 군사학교를 설립하고 함대를 건조했으며, 유럽의 전문가들을 초빙했다. 하지만 그의 개혁은 나폴레옹 때문에 방해를 받았다. 나폴레옹은 1798년에 이집트 원정에 나섰고, 영국과 동맹관계를 맺고 있던 오스만제국은 러시아와 함께 프랑스와 싸워야 했다.

프랑스 함대가 아부키르에서 넬슨에게 패하고, 오스만과 러시아 함대가 이오니아섬들을 되찾은 뒤 프랑스와 평화조약을 맺어 다행히 전쟁은 끝났다(1802). 그러나 이번에는 내부의 저항 세력이 셀림 3세의 개혁 정책을 가로막았다. 술탄의 개혁으로 불이익을 받은 총독들이 제국의 여기저기에서 소요를 일으켰다. 비딘의 총독이 반기를 들었으나 베오그라드에 주둔하고 있던 술탄의 군대는 효과적으로 조취를 취하지 못했고, 아라비아의 와하비Wahhabi운동1) 세력 또한 제국의 정국을 불안하게 했으나 적절하게 대처하지 못했다. 예니체리와 부패한 관리들은 반동적 총독들의 지원 아래 술탄의 개혁에 저항했다. 1807년에는 흑해 수비대가 반란을 일으켜 장교들과 개혁 지지자들을 살해했다.

사실 이 시대의 오스만제국은 셀림 3세가 창설한 새로운 군대의 폐지를 주장하는 세력들 때문에 대체로 반란 상태에 있었다고 해도 좋을 것이다. 술탄은 유혈 사태를 피하기 위해 반대 세력에게 상당한 양보를 했으나, 기세가 오른 저항 세력은 결국 셀림 3세를 술탄 자리에서 쫓아냈다. 불행하게도 셀림 3세는 강력한 친정 체제를 구축하지 못했기 때문에, 근위대 스트렐치가 반란을 일으켰다는 소식에도 동요하지 않고 영국의 선진 문물 시찰을 계속한 표트르대제와 같은 굳은 의지와 결연한 추진력을 보여주지 못했다.

셀림 3세를 이은 무스타파 4세(재위 1807~1808)는 지금까지의 개혁 정책을 모두 폐기했다. 오스만제국은 그가 술탄 자리에 있었던 14개월 동안 무정부 상태가 되었다. 개혁 지지자들은 1807년에 불가리아에서 조직을 결성한 뒤 바이라크타르 파샤의 지휘 아래 셀림 3세를 다시 추대해 개혁을 계속하려고 했다. 그들은 2만여 명의 군대와 함께 이스탄불로 진격했으나, 그들이 궁궐에 도착하기 전에 예니체리가 셀림 3세를 살해했다. 셀림 3세의 조카로 개혁을 지지한 마흐무드도 궁궐을 탈출했고, 무스타파 4세도 폐위되었다. 그리고 마흐무드 2세(재위 1808~1839)가 술탄에 즉위했다.

그리스의 독립

1830년대에 이루어진 그리스 독립은 빈 체제를 무너뜨리고, 자유주의-민족주의 운동을 고무해 유럽 세계에 큰 영향을 끼쳤다. 한편 오스만제국 또한 그리스가 독립하고, 이어서 이집트에서 반란이 일어나면서 본격적인 해체 과정에 들어갔다. 그리스의 독립으로 영토를 많이 잃은 것은 아니었지만, 그로 인해 제국은 안팎으로 위기를 맞이했다.

오스만제국의 국력이 약화되고, 지중해 세계에서 권위가 추락하자 발칸반도의 기독교 세력이 강력히 저항하는 가운데 그리스인들의 독립운동이 일어났다. 그리스를 끝까지 식민지로 보유하려 한 제국은 온힘을 다해 그리스의 독립을 막으려 했으나 그리스는 영국, 프랑스, 러시아 등의 지원을 받아 결국 독립했다.

에타이레이아와 무장 독립운동

비잔틴제국이 1453년에 오스만제국에 정복된 이후 그리스는 제국의 영역에 편입되었다. 이슬람교 오스만제국의 식민 통치 아래서 그리스인은 발칸반도의 소수 민족으로 전락해 버렸다. 그러나 찬란한 고전문화를 창조한 고대 그리스인의 후손답게 그들은 동지중해와 흑해 등지로 진출해 교역 활동을 하는 등 상업과 금융업을 발전시켜 왔으며, 이슬람교에 저항하면서 민족의 정체성을 유지했다. 특히 19세기에 들어오면서 지식층과 상공업자들을 중심으로 민족주의 사조와 자유주의 사조가 크게 일어났다.

19세기 초에 그리스인들의 독립사상을 크게 자극한 것은 1815년의 빈 회의였다. 빈의 열국이 그들의 독립 열망을 무시하자 실망을 넘어 분노한 그리스인들은 비밀결사를 결성하고 본격적으로 독립운동을 하기 시작했다. 마침 나폴레옹과의 싸움을 통해 유명해진 이집트 총독 모함메드 알리 파샤가 1811년에 마멜루크 왕조를 무너뜨린 다음 헤자즈의 와하비 세력을 타도하고 성지를 장악했다. 또한 한때 그리스와 알바니아를 장악한 적이 있는 또 다른 알리 파샤가 반란을 일으켰으나 살해되는(1822) 등 오스만제국이 내적으로 흔들리자 그리스는 무력 항쟁에 나섰다.

그리스인의 독립 투쟁은 1814년에 오데사에서 비밀결사 '필리키 에타이레이아Philiki Etaireia'가 결성될 때 이미 시작되었지만, 무력 항쟁을 본격적으로 시작한 것은 1821년이었다. 러시아 육군 장교 출신 입실란티스를 중심으로 1821년에 군사를 일으킨 그리스는 한때 부카레스트와 야시 등을 점령하는 등 상당한 전과를 거두었다. 그러나 당초 원조를 약속한 러시아 황제 알렉산드르 1세가 약속을 어겨 결국 독립에는 실패했다. 하지만 1821년의 무장봉기는 그리스 독립운동의 조직을 확대시키는 계기가 되었다.

또한 독립전쟁 중에 투르크인과 그리스인의 관계는 극도로

악화됐다. 그 당시에 모레아의 농민들이 다수의 투르크인을 학살했는데, 오스만제국 또한 그에 대한 보복으로 에게해의 섬 키오스에서 2만 여명의 주민을 학살하고 4만 5천여 명을 노예로 팔아버렸다. 그리고 이스탄불의 총대주교에게 모레아 사건 교사혐의를 씌워 처형했다. 러시아는 총대주교 살해를 그리스정교회 박해로 간주하고 제국과의 관계를 단절했다.

친그리스(그리스애호)운동

한편, 1821년의 무장봉기 실패 후 그리스 독립군이 오스만 제국에게 토벌될 상황에 처하자 유럽 각국에서는 이른바 '친그리스운동(Philhellenism)'이 왕성하게 일어났다. 친그리스운동은 19세기의 고전주의와 낭만주의가 낳은 운동이었다. 고전주의는 그리스-로마의 고전을 규범으로 삼아 이지理知, 보편, 조화를 추구했으며, 낭만주의는 시적, 주관적이되 형식보다는 행동을 중시했다. 그리스의 독립을 고전주의자는 고대 그리스의 영광을 부활하는 것으로, 낭만주의자는 민족해방으로, 보수주의자는 이교도 투르크족에 대한 일종의 십자군운동으로 간주했다. 그리하여 영국, 프랑스, 독일 등 유럽에서는 물론 미국에서도 친그리스운동이 일어났고, 각국의 의용군들이 그리스의 독립운동을 지원하기 위해 그리스로 몰려들었다. 문인이나 예술가들도 예외는 아니었다. 영국의 낭만파 시인 셸리는 "우리 모두는 그리스인"이라고 외쳤으며, 바이런은 자비로 무기를 마련해 그리스로 달려갔다. 그는 결국 열병에 걸려 그

곳에서 타계했다. '민중을 이끄는 자유의 여신'으로 널리 알려진 프랑스 화가 드라크루와도 '키오스의 학살'이란 그림을 발표해 유럽인들의 그리스 애호주의를 북돋웠다.

유럽 열강의 개입과 그리스의 독립

국제적 친그리스운동은 결국 그리스인들로 하여금 독립의 기쁨을 맛보게 했다. 1823년 3월, 외무부장관 G. 캐닝이 그리스 반군의 실체를 인정함으로써 영국이 그리스 문제에 개입하기 시작했다. 러시아의 알렉산드르 또한 상트페테르부르크 회의를 열어 러시아-오스트리아의 중재를 제의했으나 오스만제국과 그리스는 그것을 거부했다(1824.4).

그 무렵 오스만제국은 이집트의 총독 모함메드 알리 파샤에게 지원을 요청했다. 육군 위주 체제인 제국은 에게해와 주변의 크고 작은 섬들의 지리를 잘 이용할 뿐만 아니라 해전에 능한 그리스 반군에 대체로 고전했다. 거기다 영국과 프랑스 등이 그리스 반군을 지원하기 시작했다. 알리 파샤는 모레아, 시리아, 다마스쿠스 통치권을 약속한 제국의 요청에 응했다. 그의 아들 이브라힘 파샤가 이끄는 이집트 함대는 그리스 반군에 큰 손실을 주었다(1827.6). 아테네는 다시 제국의 땅이 되었고, 이브라힘은 많은 그리스인 포로를 이집트로 이송했다.

그에 앞서 러시아의 새로운 황제 니콜라이 1세는 영국의 제의를 받아들여 상트페테르부르크에서 영국과 만났다(1826.4). 그때 채택된 영·러 의정서에 따라 영국은 그리스를 자국의 보호 아래 있는 자치국으로 삼을 것을 오스만제국에 제의했다. 물론 그리스는 반대했다. 한편 러시아는 오스만제국에 부카레스트조약 준수, 러시아 함대에의 흑해 개방, 러시아대사의 이스탄불 주재, 요새 이외의 무슬림이 거주하지 않는 왈라키아와 몰다비아의 자치권 인정 등을 요구했다. 정세가 불리함을 절감한 오스만제국은 러시아의 요구를 받아들였다.

그리스 독립군과 싸우는 중에 마흐무드 2세는 부패하고 무능한 예니체리를 폐지했다(1826.6). 예니체리가 신식 군대 창설에 저항하며 반란을 일으키자, 술탄은 예니체리의 막사에 대포를 발사해 대부분을 죽이고 나머지는 투옥했다. 제국의 장래가 예니체리 해산에 달려 있을 뿐만 아니라 그리스 독립군과의 싸움에 승리하기 위해서도 군제 개혁이 불가피하다고 판단한 마흐무드 2세는 예니체리를 해산하고 서구식 군대를 조직하기로 했다. 그는 즉위 직후 예니체리를 없애려고 했지만 1826년에 가서야 뜻을 이룰 수 있었다.

마흐무드 2세는 예니체리를 해산하면서 프로이센과 프랑스의 지원 아래 새로운 군대를 창설했다—후일 프로이센군의 참모총장으로서 독일 통일에 기여한 몰트케도 교관에 포함되었다. 그 밖에 지방행정도 개혁해 봉신封臣체제를 없앴으며, 중앙정부가 세금을 징수하게 하고, 법률에 위반하는 구금이나 재산 몰수를 하지 못하게 했다. 그는 스스로 터번 대신 모자를 썼으며, 관리들에도 터번 등 전통 의상을 입지 않도록 했다.

그 무렵 영국의 캐닝은 러시아와 함께 바다에서 모레아를 봉쇄해 군수품 공급을 차단함으로써 이브라힘 파샤가 철수하도록 압력을 넣기로 했다. 그러나 런던에서 열린 5개국 동맹회의에서 오스트리아와 프로이센은 오스만제국을 압박하는 것에 반대했다. 하지만 영국, 프랑스, 러시아 3국은 그리스를 술탄의 주권 아래 있는 자치국으로 만들 것과 술탄이 거부할 경우 그리스의 통치자를 뽑고 휴전을 강제하기로 합의했다 (1827.7 런던회의). 그리스는 휴전에 동의했다. 그러나 이스탄불의 훈령을 기다리던 이브라힘은 휴전을 거부했다. 대신 자신의 함대가 나바리노항을 벗어나지 않을 것은 약속했다. 그때 그리스가 살로나 부근에 있던 오스만 함대를 파괴하자, 이것을 협정의 파괴로 간주한 이브라힘은 자신의 함대를 나바리노 북쪽으로 출동시켰다. 러시아와 프랑스 함대가 영국 함대에 합세해 오스만-이집트 함대를 공격했다(1827. 10). 오스만제국은 나바리노해전에서 참패했다. 오스만-이집트는 함선 89척 중 60척을 잃었고, 8천여 명이 전사했다. 반면 3국은 181명의 전사자를 냈을 뿐 함선 한 척도 잃지 않았다.

오스만제국은 3국과의 외교 관계를 단절하고 이슬람 세계의 결속과 성전을 주창했다. 그 무렵 영국에서는 캐닝을 이어 외상이 된 웰링턴이 다시 오스만제국의 보전을 지지하는 정책을 폈다. 그리하여 발칸반도 문제가 러시아-오스만제국 문제로 되자 러시아는 1828년 4월에 오스만제국을 공격했다(러·터 전쟁). 영국과 달리 프랑스는 러시아를 지지했다. 오스만제국은 예니체리가 해체되고 작은 규모의 새로운 군대가 겨우 조직된 상황에서 완강히 저항했지만 결국 러시아에 밀렸다. 오스만제국은 러시아에게 도나우강 어귀와 코커서스를 넘겨주었을 뿐만 아니라 몰다비아와 왈라키아의 자치 및 그리스의 자치를 허용했다(1829.9 아드리아노플조약).

중립 정책으로 회귀한 영국은 물론 프랑스 등은 아드리아노플조약으로 약진한 러시아를 견제하고, 나아가 러시아가 그리스를 해방한 공로를 독점하지 못하게 하기 위해 다시 개입했다. 그리하여 1832년 5월에 열린 런던회의에서 영국, 프랑스, 러시아 3국은 그리스의 독립을 승인했다. 군주국으로 독립한 그리스는 바바리아공 오토를 국왕으로 옹립했다. 그리스인이 살고 있는 오스만제국 안의 땅을 다 차지하지 못한 상태였기는 하지만, 그리스는 오스만제국의 오랜 식민 통치를 벗어나 주권을 회복했다.

이집트의 반란

독립을 위해 궐기한 그리스인들 및 그리스를 지원한 유럽 열강과 대치해 싸우는 중에도 오스만제국은 속주의 반란 등 안팎으로 심각한 도전에 시달렸다. 보스니아와 알바니아에서 반란이 일어난 데 이어 알제이는 1830년에 프랑스에게 빼앗겼다. 그리고 오스만제국에 대함대를 파견해 대對그리스독립군전을 지원했던 이집트도 반란의 대열에 합세했다. 그때 제국의 이집트 총독 알리 파샤는 알바니아와 다마스쿠스에서 일어난 반란에 연루된 혐의로 이스탄불에 소환되었다. 하지만 술탄 자리를 노리던 그는 이에 불응하는데 그치지 않고, 아들 이브라힘에 군대를 주어 시리아를 공격하게 했다(1831). 이브라힘이 다마스쿠스와 알레포를 장악한데 이어 퀴타야까지 진출한데다 알제이에서 제국과 충돌한 프랑스가 이집트를 지원하자 알리 파샤의 꿈이 실현되는 듯 했다.

오스만제국은 프랑스가 이집트를 지원하는 것에 대응해 영국의 지원을 얻으려 했으나 실패한 뒤 러시아를 끌어들였다. 러시아군이 이집트를 견제하기 위해 보스포러스해협에 진출하자 사태의 심각성을 깨달은 영국과 프랑스가 중재에 나섰다. 양국은 알리 파샤에게는 군사작전을 중지하도록 권고하고, 이스탄불 정부에게는 이전부터 이집트 총독이 관할해 온 아다나, 크레타, 트리폴리, 다마스쿠스를 알리 파샤의 관할 아래 두도록 권고했다. 오스만제국은 시리아에 대군을 파견했으나 북시리아의 나지프에서 이집트에 참패했다(1839). 마흐무드 2세는 그로부터 며칠이 안 되어 타계했다.

이집트는 영국에 합병되기 전까지 오스만제국의 속주로 남아 있었지만 이집트와 오스만제국의 관계는 느슨했다. 오히려 영국의 디즈레일리 정부가 수에즈운하의 주식을 대량으로 사들여 운하를 실제로 지배한 1875년 이후부터는 영국의 보호를 받았다. 영국은 그 후 아라비 파샤가 영국 및 프랑스에 저항하는 민족주의 반란을 일으키자 즉각 군대를 보내 진압한 뒤 이집트를 보호국으로 만들었다. 그리하여 이집트 총독과 통치기구는 1차 세계대전 직전까지 존속했지만, 영국이 사실상 이집트의 주권을 장악한 상태였다.

탄지마트와 서구화 운동

보스니아와 알바니아에서 반란이 일어나는가 하면, 알제리를 잃은 데다 이집트의 알리 파샤까지 반란을 일으켜 제국이 해체의 위기를 맞이할 무렵 압둘 메지드 1세(재위 1839~1861)가 16세의 나이로 술탄이 되었다. 하지만 술탄 정부와 군대는 무력했고, 제국의 함대는 알리 파샤의 손에 들어갔다. 한편 러시아를 견제하기 위해 유럽 열강들이 투르크와 이집트 문제에 개입했고, 결국 1840년 6월에 열린 런던회의로 알리 파샤가 이집트의 지배권을 세습하되 크레타, 시리아, 예루살렘에 대한 권리 주장을 포기했다.

압둘 메지드 1세가 치세할 때 셀림 3세와 마흐무드 2세가 추진했던 개혁은 상당히 진전했다. 당시 가장 영향력 있는 정치인이자 열렬한 서구화주의자인 외무장관 무스타파 레시드가 탄지마트tanzimat, 곧 광범위한 개혁 계획을 추진했기 때문이다. 프랑스어를 할 수 있고, 영국과 프랑스주재 대사를 지낸 적이 있는 그는 1839년에 외무부장관에 취임하자 지지자들을 규합해 근대화와 서구화 개혁을 추진했다.

레시드는 개혁안을 마련한 다음 술탄을 움직여 개혁을 위한 칙령을 내리게 했다. 바로 고위 관리, 외국 대사들, 많은 시민들이 지켜보는 가운데 공포된 귈하네칙령이다. 이 칙령은 제국이 약해진 이유가 코란의 명령과 국법을 준수하지 않았기 때문이라고 진단하고, 옛 법률과 낡은 관습을 완전히 고쳐야만 제국을 구할 수 있다고 주장했다. 이전의 개혁들과 동일하게 탄지마트개혁 또한 '이슬람'과 일치해야 한다는 틀을 벗어나지는 않았지만, 모든 환상적 관념을 제거하기 위해 노력했다. 탄지마트개혁으로 오스만제국은 낡은 체제에서 제도상으로는 근대국가 체제로 바뀌었다.

탄지마트개혁은 우선 정부의 제도를 근대적 제도로 바꾸었다. 우선 더 공정한 세금제도와 징병제를 도입했다. 또한 근대적 사법제도를 도입해 재판을 하지 않고는 처벌할 수 없게 만들어 누구나 생명과 재산 그리고 영예를 보전할 수 있게 했다. 그리고 모든 국민에게 인종과 종교에 관계없이 완전한 평등권을 부여했다. 그것은 제국에 살고 있는 기독교도들에게는 아주 의미 있는 개혁이었다. 사실 당시의 기독교도들은 그리스 독립운동과 그 과정에서 일어난 모레아-키오스학살사건으로 야기된 인종 갈등과 정치 갈등으로 매우 위험한 처지였다. 탄지마트는 기독교도들을 제국 국민으로 통합하려 했고, 이후 기독교도들은 장관에 이르기까지 모든 공직에 취임할 수 있었다.

레시드와 그를 지지한 소수의 서구화주의자들은 모든 영역을 개혁하기 위해 심혈을 기울였다. 하지만 실제로 개혁은 계획을 따라가지 못했다. 그러나 제국의 새로운 출발을 의미한 탄지마트는 이후 40여 년 간 제국의 역사에 영향을 끼쳤다.

일부 역사가들은 제1차 헌정이 시작된 1876년까지를 탄지마트기期로 보는가 하면, 다른 사가들은 제2차 헌정이 공포된 1908년까지를 탄지마트기로 본다.

오늘날 일부 역사가들은 탄지마트가 철저하지 못했으며, 개혁이 지나치게 급진적이었다고 평가한다. 하지만 탄지마트는 제국이 나아가야 할 새로운 이념과 방향을 제시했다고 볼 수 있다. 사실 위기에 처한 오스만제국이 살아남기 위해서는 근본적인 개혁 말고 다른 선택은 없었다. 19세기 중엽의 제국에 가장 시급한 일은 근본적이고 전반적인 개혁이었음을 염두에 둘 때 오스만제국의 역사에서 탄지마트가 갖는 의미를 파악하는 일은 그리 어렵지 않다.

오스만제국의 해체와 터키공화국으로 변천

청년터키당의 혁명과 새로운 출발

결국은 개혁의 기운이 무너지고 있던 오스만제국을 짓누르기 시작했다. 파리에 머물던 망명 시인 케말페이와 지야 파샤는 그 무렵 파리에서 만든 책자를 제국에 들여와 입헌운동을 일으키려고 했다. 비밀결사 '젊은 오트만'에 동조한 미드하트 파샤는 동료 장관들에게 입헌체제와 압둘-아지즈(재위 1861~1876)의 폐위를 지지할 것을 설득했다. 압둘-아지즈는 1876년 5월에 물러나고(며칠 뒤 자결했다), 정신이 온전치 못해 석 달만에 물러난 무라드 5세에 이어 압둘-하미드 2세(재위 1876~1909)가 즉위했다.

1908년 7월에 민족주의적 혁명 세력 청년터키당[2]이 술탄에 대항해 궐기했다. 군부의 소요가 반란의 도화선이 되었다. 군대는 1906년과 1907년에 밀린 봉급을 지불할 것을 요구하며 소요를 일으켰고, 1908년에도 6월 말과 7월 초에 마케도니아군대에서 소요가 일어났다. 장교 출신인 니아지가 1908년 7월에 레스나에서 무장봉기를 선도하자 이곳저곳에서 무장봉기가 뒤를 이었다. 압둘-하미드에 반대하는 세력들이 이스탄불, 다마스쿠스, 마케도니아 등 제국 전체에 걸쳐 조직한 연합진보위원회(청년터키당)와 군부는 7월 23일에 술탄에게 1876년의 헌법[3]을 부활할 것을 요구했다. 이에 굴복한 술탄은 헌법을 부활시켰으나 소요는 혁명으로 치달았다.

술탄 정부는 결국 총선거를 실시했다. 그에 따라 그해 12월에 최초의 의회가 열림으로써 제국은 입헌군주체제가 되었다. 연합진보위원회가 주창한 '자유, 정의, 평등, 우애'의 깃발이 곳곳에서 나부꼈다. 술탄은 7월 26일에 궁궐 뜰에 집결한 군중들에게 개혁을 이행할 것을 약속해서 폐위될 상황을 넘겼다. 청년 장교들이 주축이 된 청년터키당의 혁명은 대중혁명이기보다 엘리트혁명이었다.

혁명으로 정권을 장악한 청년터키당은 근대적 대의정부와 정치기구를 도입하고 서구적, 근대적 산업을 발전시켜 터키를 근대화하려 했다. 대중은 전통 두건을 고집했지만, 몇몇 상류층 여성들은 전통 두건을 벗어 버렸다. 도주하지 않은 술탄의 고문관들이 억류되었고, 비밀정보원 제도도 없앴다. 술탄이

검열 제도를 없앨 것을 약속한 뒤 신문 발행과 서적 출판이 활발히 이루어졌다. 파리를 비롯해 유럽 각지로 망명했던 인사들이 속속 귀국했다. 청년터키당의 혁명은 그처럼 제국에 새로운 활력을 불어넣었다.

혁명정부의 개혁과 정치 혼란

하지만 오스만제국은 혁명 중에 안팎으로 도전을 받았다. 불가리아가 독립을 선포하고 오스트리아-헝가리가 보스니아와 헤르체고비나를 병합해 버렸다. 거기다 마케도니아와 세르비아까지 오스트리아의 영향권에 놓일 상황이었다. 제국은 불가리아의 독립으로 영토를 잃었을 뿐만 아니라 유럽대륙과 교통하는 데도 제약을 받았다. 반면 불가리아는 발칸철도의 요충지를 장악했다. 오스트리아-헝가리는 1878년 이래 보스니아와 헤르체고비나를 점유해 오던 중 청년터키당의 혁명을 이용해 병합해 버린 것이다. 알바니아가 마케도니아의 새 정권에 저항하고, 동쪽에서는 쿠르드족이 공격하고, 남쪽의 예멘에서도 반란이 일어났다. 오스만제국은 민주적 입헌정치로 바뀌어 감과 동시에 새로운 외교 위기에 빠졌다.

1909년 초에 사병을 포함한 일부 국민은 정부가 이슬람교의 율법을 위반한다고 규탄했다. 특히 서양식 군사훈련을 받은 장교들의 통제에 불만을 품은 병사들은 결국 1909년 4월 13일에 폭동을 일으켰다. 폭동을 일으킨 병사들은 연합진보위원회가 주도한 정부를 타도하고 수도를 장악했다. 연합진보위원회파의 정부 관리들과 지지자들 일부가 살해되고, 의회는 습격당했다. 술탄이 폭동을 일으킨 병사들을 지지하는 가운데 양측이 충돌해 많은 사람들이 목숨을 잃었다. 술탄은 반란의 주모자를 사면하고 새로운 내각을 꾸몄다.

하지만 청년터키당이 살로니카에서 파견한 군대가 수도에 진입해 반혁명 세력을 타도했다. 연합진보위원회가 다시 정권을 잡으면서 압둘-하미드는 다시 폐위될 위기에 처했다. 하원을 장악한 위원회는 결국 '국민'의 이름으로 그를 폐위한 다음 살로니카에 유배시켰다(1909). 그리고 그의 동생 메흐메드 5세(재위 1909~1918)가 술탄이 되었으나 정치 혼란과 경제 침체를 해결하지 못한 채 독일 편에서 1차 세계대전에 참전했다.

1차 세계대전 참전과 오스만제국의 해체

그리스가 독립하고 이집트가 떨어져 나간 후에도 오스만제국의 영역은 계속하여 축소되어갔다. 알제이는 이미 1830년에 프랑스로 넘어갔지만 튀니스 또한 제국의 품에서 떠났다. 제국의 중동지역 영토도 불안정한 가운데 계속하여 줄어들었다. 그리고 1차 대전 및 그리스와의 전쟁을 겪으면서 제국은 해체와 공화국으로의 변신과정에 들어간다.

지배자의 잘못된 판단이 국가를 존망의 위기에 빠뜨린 사례를 찾는 일은 그리 어렵지 않다. 오스만제국의 지배층 또한

1차 세계대전에서 독일의 동맹국으로 참전하는 과오를 범했다. 1차 세계대전이 일어나기 전 유럽은 영국, 프랑스, 러시아의 삼국협상과 독일, 오스트리아, 이탈리아의 삼국동맹이 팽팽하게 맞서 전쟁의 먹구름이 짙게 드리워져 있었다. 오스만제국은 삼국동맹 편에서 참전하는 최악의 선택을 했다. 독일-오스트리아와 함께 패전한 오스만제국은 전후에 응분의 책임을 져야 했고, 그 결과 제국은 빠르게 무너지기 시작했다.

참전 배경

1911년 이탈리아에 북아프리카의 트리폴리를 빼앗겨 북아프리카 지역의 모든 영토를 잃은 오스만제국은 1912년의 이른바 '발칸전쟁'에서 패해 유럽 영토의 대부분을 잃었다.[4] 거기다 두 차례의 발칸전쟁을 겪으면서 제국의 국론은 분열되고, 청년터키당 내부에서도 대립이 표면화되었다.

철저한 중앙집권 체제를 지향한 급진적 통일진보파인 엔베르, 타라트, 제마르 세 사람은 발칸전쟁이 휴전으로 마무리될 무렵 쿠데타를 일으켜 자유통일파를 제압하고 권력을 장악했다(1913.1). 특히 독일 군사고문 리만 폰 산더즈와 손잡은 육군장관 엔베르는 친독 정책을 폈다. 러시아를 견제하기 위해 독일과의 동맹이 최선이라고 생각한 엔베르는 오스만-독일 동맹을 추진했고, 그의 노력은 결실을 맺었다.

권력을 장악한 사이드 하림 파샤공, 수상 타라트, 엔베르 등은 독일 대표와 일련의 협상을 통해 서로 견해를 조정했다. 엔베르와 오스만제국 주재 독일대사는 1914년 8월 2일에 제국은 중립을 지키되 독일 편에서 참전하기 위해 노력한다는 내용의 비밀조약을 체결했다. 당시 연합국 측은, 독일의 군사교관을 해임할 것과 제국의 해역에 들어와 있는 독일의 군함 두 척을 철수할 것을 요구해 오스만제국의 중립 세력으로서의 입지를 약하게 만들었다.

영국이 국민 모금으로 조성한 기금으로 영국에서 건조 중이던 제국의 군함 두 척을 압류한 뒤, 독일은 군함 두 척을 제국에게 양도했다. 거기다 독일이 오스만제국의 역사적 적국인 러시아와 싸우자 참전주의자들의 입지는 더욱 강화되었다. 또한 영국과 프랑스는 오스만 국민의 관심이 큰 협정들을 폐기하거나 수정할 의지를 보여주지 않았다. 마침내 제국은 1914년 9월 9일에 협정들의 폐기를 선언했고, 연합국들은 물론 독일까지도 이것을 비난했다.

오스만제국의 현명하지 못한 선택은 결과적으로 제국의 해체를 앞당겼다. 하지만 제국이 삼국동맹에 가담함으로써 협상국은 동지중해와 중동 지역에서 상당한 제약을 받았다. 특히 독일이 발트해 지역을 봉쇄하고, 오스만제국이 보스포루스-다다넬즈해협을 통제했기 때문에 러시아는 동맹국인 영국·프랑스와 연락하는 데 심각한 타격을 받았다.

참전과 패배

1914년 10월 29일, 오스만제국 해군의 독일 전함 두 척이 흑해의 러시아 전함들과 항구를 공격했다. 러시아는 11월 4일, 영국과 프랑스는 11월 5일에 오스만제국에 선전포고했다. 그리하여 오스만제국은 수에즈운하, 메소포타미아, 코카서스, 다다넬즈해협 등에서 연합국과 싸웠다. 하지만 국방부 장관 겸 총사령관 엔베르 파샤가 이끄는 오스만군은 그해 겨울 코카서스에서 참담한 패배를 당했다. 군수품이 보급되지 않는 상태에서 러시아군과 추위와 싸워야 했던 오스만군 수천 명은 얼어 죽거나 포로가 되었다. 거기다 코카서스와 동아나톨리아의 오스만군은 내부의 적 때문에 더욱 고전했다. 주민의 30%에 달하는 아르메니아인들이 오스만군의 통신을 방해하거나 지원병으로 러시아군을 도왔기 때문이다. 오스만제국이 1915년에 아나톨리아 동부 여러 주에서 아르메니아인들을 추방했고, 아르메니아인들은 그에 대항해 그들이 러시아군과 함께 정복한 투르크족을 박해했다.

하지만 오스만군은 다다넬즈해협 전투에서는 쉽게 무너지지 않았다. 영국은 해군 장관 처칠을 중심으로 에게해-빈-베를린으로 진격하는 '동구작전'을 추진했다. 영국군은 1915년 4월에 다다넬즈해협의 갈리폴리반도에 상륙했다. 양측은 증원군을 투입하는 등 치열한 공방전을 벌였으나 부사령관 무스타파 케말—사령관은 독일의 폰 산더즈였다—이 지휘한 오스만군은 굴하지 않고 영국, 프랑스, 오스트레일리아, 뉴질랜드 연합군에 저항했다. 영국군을 비롯한 연합군은 결국 그해 겨울 갈리폴리반도에서 철수했다. 오스만제국은 1915년 여름 이후

국력을 총동원해 다다넬즈해협 및 동트라키아를 비롯해 수에즈운하, 메소포타미아, 갈리폴리반도 등을 방어했다. 그러나 코카서스에서 남진한 러시아군에게 참패했다. 1916년에 다시 공세를 취한 러시아군은 담루다기강을 건너 에르주룸, 바이부르트 등지의 오스만군을 압박했다.

그 무렵 무스타파 케말만이 비틸리스에서 러시아군의 진격을 저지했을 뿐, 오스만군은 다른 전선에서 지고 물러나기를 거듭했다. 1917년 초와 말에 영국군에게 바그다드와 예루살렘을 빼앗기는 등 메소포타미아에서 고전했다. 헤자즈의 아랍인들은 아랍 사정에 정통한 T. E. 로렌스를 중심으로 반란을 일으켰고, 파이잘은 아라비아반도 북부로 진격했다(1916.6). 1917년 10월에는 영국군이 팔레스타인을 함락하고, 12월에는 예루살렘을 점령했다.

힘에 부치는 전쟁을 치르느라 '병든 거인' 오스만제국은 거의 빈사 상태에 빠졌다. 모든 자원이 바닥났고, 산업은 침체했으며, 국민은 기아에 허덕였다. 그런 중에도 정부는 교육의 세속화, 이슬람 성직자가 가진 재판권의 법무부 이양, 결혼 및 이혼법 제정 등 개혁을 멈추지 않았다.

제국이 가진 근본적인 한계 중의 하나는 잡다한 민족들 사이의 불화였다. 아르메니아인은 개전 초기부터 러시아에 협력했고 — 그로 인해 대규모로 학살당했다 — 그리스인은 연합군을 지원했다. 문제를 더욱 심각하게 만든 것은 투르크족이 군사·행정적 경험만 있을 뿐 그 밖에는 무지한 반면, 아르메니아인과 그리스인은 금융업과 상업에 능숙하다는 사실이었다. 거기다 전쟁을 주도한 엔베르 파샤는 비합리적이고 비현실적인 인물이었다.

러시아에서 볼셰비키혁명이 일어난 뒤 독일과 그 동맹국들은 러시아와의 전쟁을 끝냈다(1918.3). 하지만 오스만제국은 점점 더 어려운 상황에 빠져들었다. 1918년 9월과 10월에는 시리아를 잃었다. 폰 산더즈가 독일로 돌아간 뒤 제7군의 사령관이 된 무스타파 케말은 결국 시리아에서 저항을 포기하고 1918년 10월 30일에 무드로스에서 연합군 측과 휴전했다. 청년터키당의 지도자들이 국외로 탈출을 할 때 새 술탄 메흐메드 6세(재위 1918~1922) 정부는 연합국과 휴전협상을 체결했다. 휴전협정에 따라 오스만제국은 연합국에게 마르마라해협을 개방하고, 국경방위군과 치안군을 제외한 군대를 해산했다. 이어 연합국 함대와 군대가 다다넬즈-보스포러스해협과 이스탄불 및 다른 지역을 점령했다(1918.11).

그리하여 오스만제국은 아르메니아, 메소포타미아, 팔레스타인, 시리아 지역을 잃고, 해협과 수도마저 연합국에 점령될 상황에 처했다. 물론 연합진보위원회와 엔베르가 주도해 온 정부는 붕괴되었다. 휴전하기 2주 전에 사임한 수상 타라트와 엔베르는 독일 함선을 타고 이스탄불을 탈출했다.

세브르조약, 로잔느조약과 제국의 해체

1908년에 시작된 연합진보위원회 시대는 1918년에 패전의 혼란 속에서 막을 내렸고, 제국은 연합국이 마련한 협상 탁자에 앉아야 했다. 독일과 베르사이유조약, 오스트리아와 상제르맹조약을 체결한 연합국은 오스만제국과 1920년 8월에 세브르조약을 체결했다.

오스만제국은 세브르조약으로 유럽의 이스탄불과 그 주변의 협소한 지역 및 아시아의 아나톨리아만을 소유한 작은 나라로 전락했다. 메소포타미아와 팔레스타인은 영국의 위임통치를 받게 되었고, 시리아와 레바논은 프랑스의 위임통치국이 되었다. 에게해의 섬들도 그리스령이 되었다. 동쪽의 아르메니아는 독립했고, 쿠르디스탄은 자치권을 획득했다. 오스만제국은 거기다 서부 소아시아의 요충지도 잃을 위기에 처했다. 이즈미르와 그 주변 지역은 5년간 그리스의 통치를 받되 그 후에는 주민 투표를 해서 그리스 혹은 오스만제국 어느 나라에 편입하기로 되었기 때문이다.

세브르조약을 받아들일 경우 오스만제국은 소아시아를 제외한 대부분의 영토를 잃어야 하는 반면, 그리스는 동트라키아로에서 카탈카-이즈미르를 잇는 선까지 차지할 수 있었다. 하지만 메흐메드 6세의 정부는 1920년 8월에 제국의 해체를 겨냥한 세브르조약을 비준했다. 사실 허수아비였던 메흐메드의 정부는 세브르조약과 관련해 권한을 행사하지도 못했으며 국민을 실제로 대표하지도 못했다. 세브르조약은 조약을 거부한 무스타파 케말이 이끈 장교단이 아나톨리아에서 반란을 일으켜 정권을 장악했기 때문에 효력을 갖지 못했다. 그리고 그로부터 얼마 안 되어 제국은 터키공화국으로 변신했다.

그 무렵 총선거로 복귀한 그리스의 콘스탄틴 국왕 정부의 군대가 영국 외무부장관 로이드 조지의 묵인 아래 오스만제국을 침공했다. 그리스는 세브르조약이 허용한 선을 넘어 서아나톨리아의 대부분을 점령했다. 그리스군은 1921년 1월에서 4월 사이에 에스키세히르와 아프욘카라히사르 등을 점령하는 등 기세를 올렸다. 오스만제국의 완강한 저항에 부딪힌 그리스군은 소아시아 해안까지 후퇴하면서 우사크에서 이즈미르 사이의 투르크계 도시들을 불태워 거의 백만에 가까운 사람들을 난민으로 만들었다. 오스만제국 의회는 무스타파 케말을 사령관으로 임명했고, 그는 사카리아강에서 최후의 참호전을 준비했다. 케말이 지휘한 오스만군은 다음해 8월에 사카리아강에서 그리스군을 물리쳤다. 그는 뒤이어 새로운 전선을 구축한 그리스군을 다시 격파한 다음 이즈미르를 되찾았다.

그리스군이 패배를 거듭하자 영국, 프랑스, 이탈리아 3국은 세브르조약에서 중립 지대로 정한 이스탄불 주변과 보스포러스해협을 점령했다. 그때 영국의 외무부장관 조지는 유고슬라비아와 루마니아가 중립 지대 보호를 위해 군대 파견을 요청해왔다고 발표했다. 민족주의자를 필두로 제국 국민들은 영국의 조처에 저항해 궐기했다. 오스만제국의 군대가 중립 지대의 끝자락인 카나칼레로 진격하자 프랑스군과 이탈리아군은 영국군을 남겨 둔 채 퇴각했다. 하지만 그 무렵 영국에서도 정치 변화가 일어나 외무장관 로이드 조지가 물러나고 자유당의 반투르크 정책도 끝났다. 보수당 정부의 새 외상 쿠르존은 친오스만 정책을 펴 러시아를 견제하기로 했다.

영국과 프랑스 등 서구 연합국은 1922년 10월에 중동 문제를 해결하기 위해 모든 이해 당사국을 로잔느에 초청했다. 이스탄불과 앙카라 정부도 초청을 받았다. 메흐메드 6세는 로잔느회의에 참석하려다가 폐위되었지만 제국의 대표도 1922년 11월 20일의 로잔느회의에 참석했다. 공산주의국가로 변한 러시아도 이스탄불과 해협 문제만 논의한다는 조건으로 초청받았다. 각국의 이해관계가 충돌해 합의를 이끌어 내는 것이 늦었으나 다음해 7월 23일에 조약이 체결되었다. 마리차강과 에디르네가 제국의 서쪽 국경으로 되었으나 제국은 사실상 해체되고 말았다. 오스만제국과 프랑스는 시리아 쪽의 국경 설정에 합의했고, 모술 또한 제국의 국경 밖에 놓이게 되었다. 그리고 서아나톨리아의 그리스인들은 그리스와 서트라키아로로 이주하고, 그리스의 투르크인들은 서아나톨리아로 이주하도록 했다. 그리하여 터키는 이스탄불과 그 주변 및 아나톨리아를 영토로 하는 소국으로 전락했다.

오스만제국에서 터키공화국으로

무드로스 휴전협정이 체결될 때 시리아 전선의 사령관이었던 무스타파 케말(케말 파샤)은 휴전한 뒤 수도 이스탄불로 귀환했다. 그를 변방으로 쫓아내려는 술탄 정부의 의지가 작용한 일이었지만, 그는 얼마 안 되어 아나톨리아의 군감찰관이 되었다. 민족주의자들이 제국과 술탄 정부에 기대를 하지 않는 상황에서 연합국이 오스만제국의 해체를 기도하고, 그리스가 이즈미르에 상륙했다. 케말 또한 흑해 연안의 삼순을 중심지로 삼고 구국국민운동을 펴면서 지지 세력을 규합하기 시작했다. 술탄은 에르주룸에 주둔하고 있는 군사령관 베크르에게 케말을 체포하도록 명령했으나 베크르는 오히려 케말을 지지했다. 그리고 케말은 1919년 가을의 총선거에 맞추어 앙카라로 옮겨 이스탄불 정부와 대결했다.

1차 세계대전 중에 장교로서 명성을 얻었을 뿐만 아니라 점차 국민 영웅으로 부상하기 시작한 케말은 술탄 정부를 신뢰하지 않았을 뿐만 아니라 정부가 국민에게 과도한 희생을 요구한 것을 비판하기 시작했다. 매우 현실적인 케말은 범투르크주의와 범이슬람주의를 일종의 환상으로 보았다. 오히려 그는 정부는 물론 국민 전체가 철저히 서구를 본보기 삼아야 국가의 활로를 모색할 수 있다고 생각했다. 그는 결국 앙카라를 중심으로 술탄 정부에 반기를 들었고, 마침내 오스만제국을 터키공화국으로 바꾸었다. 1차 세계대전 이후 한동안 터키의 역사는 케말 파샤의 역사라고 해도 좋을 것이다. 총선 뒤 열린 의회에서 많은 민족주의 의원들이 앙카라를 지지하자 이스탄불에 주둔해 있던 영국군은 그들을 체포해 말타로 추방했다. 민족주의 의원들 대부분이 앙카라로 모여들었고, 1920년 4월에 앙카라에서 의회를 열었다. 의회는 1921년 1월에 케말을 대통령으로 선출하고, 국민주권을 선언한 헌법을 제정해 공포했다.

메흐메드 6세는 앙카라의회가 불법임을 선언하고 반란자들을 살해하도록 명령했다. 또한 결석재판을 해서 케말과 그를 지지한 민족주의자들에게 사형을 선고했다. 새로 조직된 술탄의 군대가 앙카라의 군대에 맞섰다. 하지만 술탄의 군대는 성공하지 못했는데, 이는 민족주의자를 지지한 병사들이 많았기 때문이다. 이처럼 이스탄불과 앙카라 정부로 분열해 대립하던 중인 1920년 8월에 세브르조약이 체결되었다. 술탄 정부가 세브르조약을 인준했다는 소식이 전해지자 앙카라를 비롯한 오스만제국 전체에서 분노의 함성이 울려 퍼졌다. 케말의 앙카라 측은 세브르조약을 결사적으로 반대했다.

이번에는 케말 측에서 1920~1922년의 투르크-그리스 공반전을 살펴보기로 하자. 그리스군은 1920년 여름부터 다음해까지 끊임없이 공격을 해 소아시아에서 넓은 지역을 점령하고 투르크인들을 몰아냈다. 앙카라 정부는 1921년 초에 그리스군을 에스키세히르 서쪽에서 물리쳤다. 그리스가 7월에 다시 공격하자 후퇴 작전을 편 케말은 그리스군을 앙카라에서 약 83km 거리인 사카르야까지 끌어들여 격파했다. 그때 의회가 자신에 대한 신뢰를 거두어 케말은 곤경에 처했으나 의회를 설득해 결국 총사령관이 되었다. 그는 1921년 늦여름에 3주에 걸친 전투에서 사카라까지 진격한 그리스군을 물리쳤다. 케말은 1922년 8월에 새로운 전선을 구축한 그리스군을 다시 격파했다. 전술했듯이 우샤크로에서 이즈미르로 후퇴하던 그리스군은 서아나톨리아의 도시들을 불태웠고, 그로 인해 백만여 명의 투르크인들이 난민이 되었다. 그리스군은 지중해로 도주했고, 사령관은 포로가 되었다. 투르크군은 9월에 이즈미르에 입성했다. 물론 이즈미르는 폐허가 되었다. 앙카라의회는 케말에게 '가지(Ghazi, 승리자)' 및 '아튀르크(Atatürk, 투르크인의 아버지)'란 칭호를 수여했다.

무스타파 케말은 거기서 멈추지 않고 세브르조약이 중립 지역으로 설정한 카나칼레까지 진출했다. 프랑스군과 이탈리아군은 철수해 케말군과 충돌하는 것을 피했지만, 영국군은 물러나지 않았다. 결국 프랑스가 중재해 오스만제국, 그리스, 영국 사이에 중립 지대를 보전할 것을 약속했다(1922.10). 한편 영국에서는 케말이 예견한 데로 반투르크 정책을 취해 온 로이드 조지의 자유당이 물러나고 보수당이 집권했다. 보수당은 전통적으로 러시아를 견제하기 위해 친투르크 정책을 펴왔다. 그리고 1922년 11월에 로잔느회의가 열렸다.

영국과 프랑스 등 연합국은 앙카라와 이스탄불 양쪽에 대표 파견을 요청했다. 하지만 소아시아에 침입한 그리스군을 물리친 뒤 유리한 상황인 앙카라는 이스탄불 정부를 인정하지 않았다. 허수아비에 불과했던 술탄 메흐메드 6세가 로잔느에 초청받자 무스타파 케말은 의회에 술탄제를 폐지할 것을 요청했다. 하지만 앙카라 의회는 술탄제 폐지와 술탄을 축출하는 것을 망설였다. 왜냐하면 많은 의원들은 공화제보다는 입헌군주제를 선호했기 때문이었다. 그러자 케말은 무장 군인을 시켜 의회를 위협하면서 즉각 결의할 것을 요구했다. 앙카라 의회는 결국 영국군이 이스탄불을 점령한(1920) 때로부터 술탄은 존재하지 않는다고 선언한 다음 술탄제를 폐지하는 법을 통과시켰다(1922.11.1). 11월 17일에 궁궐을 탈출한 메흐메드 6세는 영국 군함을 타고 말타로 망명했다. 그리하여 36대 메흐메드 6세를 끝으로 술탄제는 막을 내렸다.

하지만 케말 파샤도 투르크인들의 칼리파에 대한 충성심을 외면할 수 없었기 때문에 칼리파는 제국의 정신적 수장으로 존속했다. 쫓겨난 메흐메드 6세의 조카 압둘-메지드 2세가 칼리파가 되어 이슬람의 정신적 수장이 되었다. 칼리파는 상징적 존재일 뿐이었지만 정치가 혼란해지면서 칼리파는 제국 체제를 지지한 민족주의자들의 구심점이 되었다. 칼리파를 중심으로 제국을 건설하려는 세력과 입헌군주 세력이 대립했으나, 입헌군주제를 지향한 케말 측이 결국 승리했다. 당시 인도의 두 무슬림이 투르크인들에게 칼리파제를 보전할 것을 권고한 책을 썼는데, 그것을 외국의 내정간섭으로 간주한 투르크인들이 케말 편에 섰기 때문이다. 체포된 칼리파는 불가리아 국경 밖으로 추방되었다(1924.3).

1923년 10월 13일에 앙카라가 터키의 수도로 공포되었다. 서쪽 끝에 자리한 이스탄불 대신 아나톨리아의 중심지인 앙카라를 수도로 삼아 국가 결속력을 높이기 위해서였다. 그리고 보름 정도 뒤인 1923년 10월 29일에 의회는 터키가 공화국임을 선포한 뒤 무스타파 케말을 대통령으로 선출했다. 이미 1921년 초에 의회가 주권재민을 선언했지만 그로서 오스만제국은 공식적으로 터키공화국으로 바뀌었다.

한편, 터키는 세브르조약 및 로잔느조약이 체결된 뒤 아나톨리아 중심의 나라로 줄어들었지만 국가 결속력은 오히려 강화되었다. 터키는 연합국 및 그리스에 대항해 국가를 보전하기 위해 투쟁하는 한편, 1908년 이후 청년터키당이 추진해 온 개혁을 훨씬 뛰어넘는 개혁을 통해 민족과 국가를 부흥하고자 했다. 무스타파 케말은 자신이 창당한 공화인민당을 중심으로 철저한 개혁을 추진했다. 그의 개혁 정책은 이른바 '6개의 화살'이라고 하는데, 바로 공화주의, 민족주의, 인민주의, 국가통제, 세속주의, 혁명이었다.

그리하여 터키는 유럽식 법률을 채택했고, 여성에게는 참정권을 주었다. 케말의 세속주의는 국민이 사회와 정치에서 이슬람교의 제약으로부터 상당히 벗어날 수 있게 했다. 예컨대 금요일 대신 일요일을 안식일로 지정한 것, 혹은 서구식 알파벳을 채용한 것 등이 그것이다. 국민의 성姓도 서구식으로 바꾸었다. 케말 자신은 성을 아타튀르크로 바꾸었다.

주

1) '이슬람'에서 일탈해 이슬람 세계가 침체했다고 판단한 와하비 Muhammad Abdul Whabi가 '원래의 이슬람'으로 복귀할 것을 주장하며 전개한 이슬람 부흥운동.
2) 압둘-아지즈 치세 때 조직된 비밀결사 '젊은 오트만'과 이스탄불 의과대학생 4명이 1889년에 정부전복을 겨냥해 결성하고 다른 대학으로도 침투한 비밀조직 등이 그 뿌리였다. 당시 망명객들이 활동한 파리 등지에서도 혁명기운이 짙어갔다. 그 즈음 타라트 베이와 라흐미 베이 등 저명인사들이 '프리메이슨'을 모델로 삼아 살로니카(테살로니키)에서 '연합진보위원회'를 결성했는데 그것이 바로 청년터키당이다. 민족주의적, 자유주의적인 이 당은 철저한 개혁을 통한 제국의 근대화를 지향했다. 유럽에 망명해 있던 혁명세력들도 나짐을 통해 그것에 가입했다. 그 후 영국과 러시아가 제국을 분할하려 한다는 풍문이 돌자(1908) 니아지, 엔베, 무스타파 케말 등도 그것에 가입했다.
3) 신경쇠약에 걸린 무라드 5세가 고위 관료와 신식 군대의 쿠데타로 석 달 만에 폐위된 뒤 술탄이 된 압둘-하미드 2세는 당초 약속대로 1867년 11월에 만들어진 헌법 초안을 승인했다. 이 헌법은 상하 양원제, 사법부 독립, 백성의 평등한 법적 권리 등을 포함하고 있다.
4) 오스만제국은 1912년의 1차 발칸전쟁에서 불가리아·세르비아·그리스 연합군에 패해 이스탄불을 제외한 유럽 영토 대부분을 잃었다. 오스만제국이 이탈리아와의 전쟁에서 패하자 불가리아, 세르비아, 몬테네그로, 그리스 등 발칸동맹국은 억압을 받고 있던 마케도니아를 구한다는 명목을 걸고 오스만제국에 선전포고했다. 그러나 1차 발칸전쟁 전승국 사이의 분쟁으로 야기된 1913년의 2차 발칸전쟁에서 그리스, 루마니아와 합세한 오스만제국은 불가리아를 물리쳐 아드리아노플 등 유럽 영토 일부를 되찾았다.

프랑스엔 〈크세주〉, 일본엔 〈이와나미 문고〉, 한국에는 〈살림지식총서〉가 있습니다.

전자책 | 큰글자 | 오디오북

001 미국의 좌파와 우파 | 이주영
002 미국의 정체성 | 김형인
003 마이너리티 역사 | 손영호
004 두 얼굴을 가진 하나님 | 김형인
005 MD | 정욱식
006 반미 | 김진웅
007 영화로 보는 미국 | 김성곤
008 미국 뒤집어보기 | 장석정
009 미국 문화지도 | 장석정
010 미국 메모랜덤 | 최성일
011 위대한 어머니 여신 | 장영란
012 변신이야기 | 김선자
013 인도신화의 계보 | 류경희
014 축제인류학 | 류정아
015 오리엔탈리즘의 역사 | 정진농
016 이슬람 문화 | 이희수
017 살롱문화 | 서정복
018 추리소설의 세계 | 정규웅
019 애니메이션의 장르와 역사 | 이용배
020 문신의 역사 | 조현설
021 색채의 상징, 색채의 심리 | 박영수
022 인체의 신비 | 이성주
023 생물학무기 | 배우철
024 이 땅에서 우리말로 철학하기 | 이기상
025 중세는 정말 암흑기였나 | 이경재
026 미셸 푸코 | 양운덕
027 포스트모더니즘에 대한 성찰 | 신승환
028 조폭의 계보 | 방성수
029 성스러움과 폭력 | 류성민
030 성상 파괴주의와 성상 옹호주의 | 진형준
031 UFO학 | 성시정
032 최면의 세계 | 설기문
033 천문학 탐구자들 | 이면우
034 블랙홀 | 이충환
035 법의학의 세계 | 이윤성
036 양자 컴퓨터 | 이순칠
037 마피아의 계보 | 안혁
038 헬레니즘 | 윤진
039 유대인 | 정성호
040 M. 엘리아데 | 정진홍
041 한국교회의 역사 | 서정민
042 야웨와 바알 | 김남일
043 캐리커처의 역사 | 박창석
044 한국 액션영화 | 오승욱
045 한국 문예영화 이야기 | 김남석
046 포켓몬 마스터 되기 | 김윤아
047 판타지 | 송태현
048 르 몽드 | 최연구
049 그리스 사유의 기원 | 김재홍
050 영혼론 입문 | 이정우
051 알베르 카뮈 | 유기환
052 프란츠 카프카 | 편영수
053 버지니아 울프 | 김희정
054 재즈 | 최규용
055 뉴에이지 음악 | 양한수
056 중국의 고구려사 왜곡 | 최광식
057 중국의 정체성 | 강준영
058 중국의 문화코드 | 강진석
059 중국사상의 뿌리 | 장현근
060 화교 | 정성호
061 중국인의 금기 | 장범성
062 무협 | 문현선
063 중국영화 이야기 | 임대근
064 경극 | 송철규
065 중국적 사유의 원형 | 박정근
066 수도원의 역사 | 최형걸
067 현대 신학 이야기 | 박만
068 요가 | 류경희
069 성공학의 역사 | 정해윤
070 진정한 프로는 변화가 즐겁다 | 김학선
071 외국인 직접투자 | 송의달
072 지식의 성장 | 이한구
073 사랑의 철학 | 이정은
074 유교문화와 여성 | 김미영
075 매체 정보란 무엇인가 | 구연상
076 피에르 부르디외와 한국사회 | 홍성민
077 21세기 한국의 문화혁명 | 이정덕
078 사건으로 보는 한국의 정치변동 | 양길현
079 미국을 만든 사상들 | 정경희
080 한반도 시나리오 | 정욱식
081 미국인의 발견 | 우수근
082 미국의 거장들 | 김홍국
083 법으로 보는 미국 | 채동배
084 미국 여성사 | 이창신
085 책과 세계 | 강유원
086 유럽왕실의 탄생 | 김현수
087 박물관의 탄생 | 전진성
088 절대왕정의 탄생 | 임승휘
089 커피 이야기 | 김성윤
090 축구의 문화사 | 이은호
091 세기의 사랑 이야기 | 안재필
092 반연극의 계보와 미학 | 임준서

- 093 한국의 연출가들 | 김남석
- 094 동아시아의 공연예술 | 서연호
- 095 사이코드라마 | 김정일
- 096 철학으로 보는 문화 | 신응철
- 097 장 폴 사르트르 | 변광배
- 098 프랑스 문화와 상상력 | 박기현
- 099 아브라함의 종교 | 공일주
- 100 여행 이야기 | 이진홍
- 101 아테네 | 장영란
- 102 로마 | 한형곤
- 103 이스탄불 | 이희수
- 104 예루살렘 | 최창모
- 105 상트 페테르부르크 | 방일권
- 106 하이델베르크 | 곽병휴
- 107 파리 | 김복래
- 108 바르샤바 | 최건영
- 109 부에노스아이레스 | 고부안
- 110 멕시코 시티 | 정혜주
- 111 나이로비 | 양철준
- 112 고대 올림픽의 세계 | 김복희
- 113 종교와 스포츠 | 이창익
- 114 그리스 미술 이야기 | 노성두
- 115 그리스 문명 | 최혜영
- 116 그리스와 로마 | 김덕수
- 117 알렉산드로스 | 조현미
- 118 고대 그리스의 시인들 | 김헌
- 119 올림픽의 숨은 이야기 | 장원재
- 120 장르 만화의 세계 | 박인하
- 121 성공의 길은 내 안에 있다 | 이숙영
- 122 모든 것을 고객중심으로 바꿔라 | 안상헌
- 123 중세와 토마스 아퀴나스 | 박주영
- 124 우주 개발의 숨은 이야기 | 정홍철
- 125 나노 | 이영희
- 126 초끈이론 | 박재모 · 현승준
- 127 안토니 가우디 | 손세관
- 128 프랭크 로이드 라이트 | 서수경
- 129 프랭크 게리 | 이일형
- 130 리처드 마이어 | 이성훈
- 131 안도 다다오 | 임채진
- 132 색의 유혹 | 오수연
- 133 고객을 사로잡는 디자인 혁신 | 신언모
- 134 양주 이야기 | 김준철
- 135 주역과 운명 | 심의용
- 136 학계의 금기를 찾아서 | 강성민
- 137 미 · 중 · 일 새로운 패권전략 | 우수근
- 138 세계지도의 역사와 한반도의 발견 | 김상근
- 139 신용하 교수의 독도 이야기 | 신용하
- 140 간도는 누구의 땅인가 | 이성환
- 141 말리노프스키의 문화인류학 | 김용환
- 142 크리스마스 | 이영제
- 143 바로크 | 신정아
- 144 페르시아 문화 | 신규섭
- 145 패션과 명품 | 이재진
- 146 프랑켄슈타인 | 장정희
- 147 뱀파이어 연대기 | 한혜원
- 148 위대한 힙합 아티스트 | 김정훈
- 149 살사 | 최명호
- 150 모던 걸, 여우 목도리를 버려라 | 김주리
- 151 누가 하이카라 여성을 데리고 사누 | 김미지
- 152 스위트 홈의 기원 | 백지혜
- 153 대중적 감수성의 탄생 | 강심호
- 154 에로 그로 넌센스 | 소래섭
- 155 소리가 만들어낸 근대의 풍경 | 이승원
- 156 서울은 어떻게 계획되었는가 | 염복규
- 157 부엌의 문화사 | 함한희
- 158 칸트 | 최인숙
- 159 사람은 왜 인정받고 싶어하나 | 이정은
- 160 지중해학 | 박상진
- 161 동북아시아 비핵지대 | 이삼성 외
- 162 서양 배우의 역사 | 김정수
- 163 20세기의 위대한 연극인들 | 김미혜
- 164 영화음악 | 박신영
- 165 한국독립영화 | 김수남
- 166 영화와 샤머니즘 | 이종승
- 167 영화로 보는 불륜의 사회학 | 황혜진
- 168 J.D. 샐린저와 호밀밭의 파수꾼 | 김성곤
- 169 허브 이야기 | 조태동 · 송진희
- 170 프로레슬링 | 성민수
- 171 프랑크푸르트 | 이기식
- 172 바그다드 | 이동은
- 173 아테네인, 스파르타인 | 윤진
- 174 정치의 원형을 찾아서 | 최자영
- 175 소르본 대학 | 서정복
- 176 테마로 보는 서양미술 | 권용준
- 177 칼 마르크스 | 박영균
- 178 허버트 마르쿠제 | 손철성
- 179 안토니오 그람시 | 김현우
- 180 안토니오 네그리 | 윤수종
- 181 박이문의 문학과 철학 이야기 | 박이문
- 182 상상력과 가스통 바슐라르 | 홍명희
- 183 인간복제의 시대가 온다 | 김홍재
- 184 수소 혁명의 시대 | 김미선
- 185 로봇 이야기 | 김문상
- 186 일본의 정체성 | 김필동
- 187 일본의 서양문화 수용사 | 정하미
- 188 번역과 일본의 근대 | 최경옥
- 189 전쟁국가 일본 | 이성환
- 190 한국과 일본 | 하우봉
- 191 일본 누드 문화사 | 최유경
- 192 주신구라 | 이준섭
- 193 일본의 신사 | 박규태
- 194 미야자키 하야오 | 김윤아
- 195 애니메이션으로 보는 일본 | 박규태
- 196 디지털 에듀테인먼트 스토리텔링 | 강심호
- 197 디지털 애니메이션 스토리텔링 | 배주영
- 198 디지털 게임의 미학 | 전경란
- 199 디지털 게임 스토리텔링 | 한혜원
- 200 한국형 디지털 스토리텔링 | 이인화

201 디지털 게임, 상상력의 새로운 영토 | 이정엽
202 프로이트와 종교 | 권수영
203 영화로 보는 태평양전쟁 | 이동훈
204 소리의 문화사 | 김토일
205 극장의 역사 | 임종엽
206 뮤지엄건축 | 서상우
207 한옥 | 박명덕
208 한국만화사 산책 | 손상익
209 만화 속 백수 이야기 | 김성훈
210 코믹스 만화의 세계 | 박석환
211 북한만화의 이해 | 김성훈·박소현
212 북한 애니메이션 | 이대연·김경임
213 만화로 보는 미국 | 김기홍
214 미생물의 세계 | 이재열
215 빛과 색 | 변종철
216 인공위성 | 장영근
217 문화콘텐츠란 무엇인가 | 최연구
218 고대 근동의 신화와 종교 | 강성열
219 신비주의 | 금인숙
220 십자군, 성전과 약탈의 역사 | 진원숙
221 종교개혁 이야기 | 이성덕
222 자살 | 이진홍
223 성, 그 억압과 진보의 역사 | 윤가현
224 아파트의 문화사 | 박철수
225 권오길 교수가 들려주는 생물의 섹스 이야기 | 권오길
226 동물행동학 | 임신재
227 한국 축구 발전사 | 김성원
228 월드컵의 위대한 전설들 | 서준형
229 월드컵의 강국들 | 심재희
230 스포츠마케팅의 세계 | 박찬혁
231 일본의 이중권력, 쇼군과 천황 | 다카시로 고이치
232 일본의 사소설 | 안영희
233 글로벌 매너 | 박한표
234 성공하는 중국 진출 가이드북 | 우수근
235 20대의 정체성 | 정성호
236 중년의 사회학 | 정성호
237 인권 | 차병직
238 헌법재판 이야기 | 오호택
239 프라하 | 김규진
240 부다페스트 | 김성진
241 보스턴 | 황선희
242 돈황 | 전인초
243 보들레르 | 이건수
244 돈 후안 | 정동섭
245 사르트르 참여문학론 | 변광배
246 문체론 | 이종오
247 올더스 헉슬리 | 김효원
248 탈식민주의에 대한 성찰 | 박종성
249 서양 무기의 역사 | 이내주
250 백화점의 문화사 | 김인호
251 초콜릿 이야기 | 정한진
252 향신료 이야기 | 정한진
253 프랑스 미식 기행 | 심순철
254 음식 이야기 | 윤진아
255 비틀스 | 고영탁
256 현대시와 불교 | 오세영
257 불교의 선악론 | 안옥선
258 질병의 사회사 | 신규환
259 와인의 문화사 | 고형욱
260 와인, 어떻게 즐길까 | 김준철
261 노블레스 오블리주 | 예종석
262 미국인의 탄생 | 김진웅
263 기독교의 교파 | 남병두
264 플로티노스 | 조규홍
265 아우구스티누스 | 박경숙
266 안셀무스 | 김영철
267 중국 종교의 역사 | 박종우
268 인도의 신화와 종교 | 정광흠
269 이라크의 역사 | 공일주
270 르 코르뷔지에 | 이관석
271 김수영, 혹은 시적 양심 | 이은정
272 의학사상사 | 여인석
273 서양의학의 역사 | 이재담
274 몸의 역사 | 강신익
275 인류를 구한 항균제들 | 예병일
276 전쟁의 판도를 바꾼 전염병 | 예병일
277 사상의학 바로 알기 | 장동민
278 조선의 명의들 | 김호
279 한국인의 관계심리학 | 권수영
280 모건의 가족 인류학 | 김용환
281 예수가 상상한 그리스도 | 김호경
282 사르트르와 보부아르의 계약결혼 | 변광배
283 초기 기독교 이야기 | 진원숙
284 동유럽의 민족 분쟁 | 김철민
285 비잔티제국 | 진원숙
286 오스만제국 | 진원숙
287 별을 보는 사람들 | 조상호
288 한미 FTA 후 직업의 미래 | 김준성
289 구조주의와 그 이후 | 김종우
290 아도르노 | 이종하
291 프랑스 혁명 | 서정복
292 메이지유신 | 장인성
293 문화대혁명 | 백승욱
294 기생 이야기 | 신현규
295 에베레스트 | 김법모
296 빈 | 인성기
297 발트3국 | 서진석
298 아일랜드 | 한일동
299 이케다 하야토 | 권혁기
300 박정희 | 김성진
301 리콴유 | 김성진
302 덩샤오핑 | 박형기
303 마거릿 대처 | 박동운
304 로널드 레이건 | 김형곤
305 셰이크 모하메드 | 최진영
306 유엔사무총장 | 김정태
307 농구의 탄생 | 손대범
308 홍차 이야기 | 정은희

- 309 인도 불교사 | 김미숙
- 310 아힌사 | 이정호
- 311 인도의 경전들 | 이재숙
- 312 글로벌 리더 | 백형찬
- 313 탱고 | 배수경
- 314 미술경매 이야기 | 이규현
- 315 달마와 그 제자들 | 우봉규
- 316 화두와 좌선 | 김호귀
- 317 대학의 역사 | 이광주
- 318 이슬람의 탄생 | 진원숙
- 319 DNA분석과 과학수사 | 박기원
- 320 대통령의 탄생 | 조지형
- 321 대통령의 퇴임 이후 | 김형곤
- 322 미국의 대통령 선거 | 윤용희
- 323 프랑스 대통령 이야기 | 최연구
- 324 실용주의 | 이유선
- 325 맥주의 세계 | 원융희
- 326 SF의 법칙 | 고장원
- 327 원효 | 김원명
- 328 베이징 | 조창완
- 329 상하이 | 김윤희
- 330 홍콩 | 유영하
- 331 중화경제의 리더들 | 박형기
- 332 중국의 엘리트 | 주장환
- 333 중국의 소수민족 | 정재남
- 334 중국을 이해하는 9가지 관점 | 우수근
- 335 고대 페르시아의 역사 | 유흥태
- 336 이란의 역사 | 유흥태
- 337 에스파한 | 유흥태
- 338 번역이란 무엇인가 | 이향
- 339 해체론 | 조규형
- 340 자크 라캉 | 김용수
- 341 하지홍 교수의 개 이야기 | 하지홍
- 342 다방과 카페, 모던보이의 아지트 | 장유정
- 343 역사 속의 채식인 | 이광조
- 344 보수와 진보의 정신분석 | 김용신
- 345 저작권 | 김기태
- 346 왜 그 음식은 먹지 않을까 | 정한진
- 347 플라멩코 | 최명호
- 348 월트 디즈니 | 김지영
- 349 빌 게이츠 | 김익현
- 350 스티브 잡스 | 김상훈
- 351 잭 웰치 | 하정필
- 352 워렌 버핏 | 이민주
- 353 조지 소로스 | 김성진
- 354 마쓰시타 고노스케 | 권혁기
- 355 도요타 | 이우광
- 356 기술의 역사 | 송성수
- 357 미국의 총기 문화 | 손영호
- 358 표트르 대제 | 박지배
- 359 조지 워싱턴 | 김형곤
- 360 나폴레옹 | 서정복
- 361 비스마르크 | 김장수
- 362 모택동 | 김승일
- 363 러시아의 정체성 | 기연수
- 364 너는 시방 위험한 로봇이다 | 오은
- 365 발레리나를 꿈꾼 로봇 | 김선혁
- 366 로봇 선생님 가라사대 | 안동근
- 367 로봇 디자인의 숨겨진 규칙 | 구신애
- 368 로봇을 향한 열정, 일본 애니메이션 | 안병욱
- 369 도스토예프스키 | 박영은
- 370 플라톤의 교육 | 장영란
- 371 대공황 시대 | 양동휴
- 372 미래를 예측하는 힘 | 최연구
- 373 꼭 알아야 하는 미래 질병 10가지 | 우정헌
- 374 과학기술의 개척자들 | 송성수
- 375 레이첼 카슨과 침묵의 봄 | 김재호
- 376 좋은 문장 나쁜 문장 | 송준호
- 377 바울 | 김호경
- 378 테킬라 이야기 | 최명호
- 379 어떻게 일본 과학은 노벨상을 탔는가 | 김범성
- 380 기후변화 이야기 | 이유진
- 381 상송 | 전금주
- 382 이슬람 예술 | 전완경
- 383 페르시아의 종교 | 유흥태
- 384 삼위일체론 | 유해무
- 385 이슬람 율법 | 공일주
- 386 금강경 | 곽철환
- 387 루이스 칸 | 김낙중 · 정태용
- 388 톰 웨이츠 | 신주현
- 389 위대한 여성 과학자들 | 송성수
- 390 법원 이야기 | 오호택
- 391 명예훼손이란 무엇인가 | 안상운
- 392 사법권의 독립 | 조지형
- 393 피해자학 강의 | 장규원
- 394 정보공개란 무엇인가 | 안상운
- 395 적정기술이란 무엇인가 | 김정태 · 홍성욱
- 396 치명적인 금융위기, 왜 유독 대한민국인가 | 오형규
- 397 지방자치단체, 돈이 새고 있다 | 최인욱
- 398 스마트 위험사회가 온다 | 민경식
- 399 한반도 대재난, 대책은 있는가 | 이정직
- 400 불안사회 대한민국, 복지가 해답인가 | 신광영
- 401 21세기 대한민국 대외전략 | 김기수
- 402 보이지 않는 위협, 종북주의 | 류현수
- 403 우리 헌법 이야기 | 오호택
- 404 핵심 중국어 간체자(簡體字) | 김현정
- 405 문화생활과 문화주택 | 김용범
- 406 미래주거의 대안 | 김세용 · 이재준
- 407 개방과 폐쇄의 딜레마, 북한의 이중적 경제 | 남성욱 · 정유석
- 408 연극과 영화를 통해 본 북한 사회 | 민병욱
- 409 먹기 위한 개방, 살기 위한 핵외교 | 김계동
- 410 북한 정권 붕괴 가능성과 대비 | 전경주
- 411 북한을 움직이는 힘, 군부의 패권경쟁 | 이영훈
- 412 인민의 천국에서 벌어지는 인권유린 | 허만호
- 413 성공을 이끄는 마케팅 법칙 | 추성엽
- 414 커피로 알아보는 마케팅 베이직 | 김민주
- 415 쓰나미의 과학 | 이호준
- 416 20세기를 빛낸 극작가 20인 | 백승무

417 20세기의 위대한 지휘자 | 김문경
418 20세기의 위대한 피아니스트 | 노태헌
419 뮤지컬의 이해 | 이동섭
420 위대한 도서관 건축 순례 | 최정태
421 아름다운 도서관 오디세이 | 최정태
422 롤링 스톤즈 | 김기범
423 서양 건축과 실내디자인의 역사 | 천진희
424 서양 가구의 역사 | 공혜원
425 비주얼 머천다이징&디스플레이 디자인 | 강희수
426 호감의 법칙 | 김경호
427 시대의 지성, 노암 촘스키 | 임기대
428 역사로 본 중국음식 | 신계숙
429 일본요리의 역사 | 박병학
430 한국의 음식문화 | 도현신
431 프랑스 음식문화 | 민혜련
432 중국차 이야기 | 조은아
433 디저트 이야기 | 안호기
434 치즈 이야기 | 박승용
435 면(麵) 이야기 | 김한송
436 막걸리 이야기 | 정은숙
437 알렉산드리아 비블리오테카 | 남태우
438 개헌 이야기 | 오호택
439 전통 명품의 보고, 규장각 | 신병주
440 에로스의 예술, 발레 | 김도윤
441 소크라테스를 알라 | 장영란
442 소프트웨어가 세상을 지배한다 | 김재호
443 국제난민 이야기 | 김철민
444 셰익스피어 그리고 인간 | 김도윤
445 명상이 경쟁력이다 | 김필수
446 갈매나무의 시인 백석 | 이숭원
447 브랜드를 알면 자동차가 보인다 | 김흥식
448 파이온에서 힉스 입자까지 | 이강영
449 알고 쓰는 화장품 | 구희연
450 희망이 된 인문학 | 김호연
451 한국 예술의 큰 별 동랑 유치진 | 백형찬
452 경허와 그 제자들 | 우봉규
453 논어 | 윤홍식
454 장자 | 이기동
455 맹자 | 장현근
456 관자 | 신창호
457 순자 | 윤무학
458 미사일 이야기 | 박준복
459 사주(四柱) 이야기 | 이지형
460 영화로 보는 로큰롤 | 김기범
461 비타민 이야기 | 김정환
462 장군 이순신 | 도현신
463 전쟁의 심리학 | 이윤규
464 미국의 장군들 | 여영무
465 첨단무기의 세계 | 양낙규
466 한국무기의 역사 | 이내주
467 노자 | 임헌규
468 한비자 | 윤찬원
469 묵자 | 박문현
470 나는 누구인가 | 김용신

471 논리적 글쓰기 | 여세주
472 디지털 시대의 글쓰기 | 이강룡
473 NLL을 말하다 | 이상철
474 뇌의 비밀 | 서유헌
475 버트런드 러셀 | 박병철
476 에드문트 후설 | 박인철
477 공간 해석의 지혜, 풍수 | 이지형
478 이야기 동양철학사 | 강성률
479 이야기 서양철학사 | 강성률
480 독일 계몽주의의 유학적 기초 | 전홍석
481 우리말 한자 바로쓰기 | 안광희
482 유머의 기술 | 이상훈
483 관상 | 이태룡
484 가상학 | 이태룡
485 역경 | 이태룡
486 대한민국 대통령들의 한국경제 이야기 1 | 이장규
487 대한민국 대통령들의 한국경제 이야기 2 | 이장규
488 별자리 이야기 | 이형철 외
489 셜록 홈즈 | 김재성
490 역사를 움직인 중국 여성들 | 이양자
491 중국 고전 이야기 | 문승용
492 발효 이야기 | 이미란
493 이승만 평전 | 이주영
494 미군정시대 이야기 | 차상철
495 한국전쟁사 | 이희진
496 정전협정 | 조성훈
497 북한 대남 침투도발사 | 이윤규
498 수상 | 이태룡
499 성명학 | 이태룡
500 결혼 | 남정욱
501 광고로 보는 근대문화사 | 김병희
502 시조의 이해 | 임형선
503 일본인은 왜 속마음을 말하지 않을까 | 임영철
504 내 사랑 아다지오 | 양태조
505 수프림 오페라 | 김도윤
506 바그너의 이해 | 서정원
507 원자력 이야기 | 이정익
508 이스라엘과 창조경제 | 정성호
509 '한국 사회 빈부의식은 어떻게 변했는가 | 김용신
510 '요하문명과 한반도 | 우실하
511 고조선왕조실록 | 이희진
512 고구려조선왕조실록 1 | 이희진
513 고구려조선왕조실록 2 | 이희진
514 백제왕조실록 1 | 이희진
515 백제왕조실록 2 | 이희진
516 신라왕조실록 1 | 이희진
517 신라왕조실록 2 | 이희진
518 신라왕조실록 3 | 이희진
519 가야왕조실록 | 이희진
520 발해왕조실록 | 구난희
521 고려왕조실록 1 (근간)
522 고려왕조실록 2 (근간)
523 조선왕조실록 1 | 이성무
524 조선왕조실록 2 | 이성무

- 525 조선왕조실록 3 | 이성무
- 526 조선왕조실록 4 | 이성무
- 527 조선왕조실록 5 | 이성무
- 528 조선왕조실록 6 | 편집부
- 529 정한론 | 이기용
- 530 청일전쟁 (근간)
- 531 러일전쟁 (근간)
- 532 이슬람 전쟁사 | 진원숙
- 533 소주이야기 | 이지형
- 534 북한 남침 이후 3일간, 이승만 대통령의 행적 | 남정옥
- 535 제주 신화 1 | 이석범
- 536 제주 신화 2 | 이석범
- 537 제주 전설 1 | 이석범
- 538 제주 전설 2 | 이석범
- 539 제주 전설 3 | 이석범
- 540 제주 전설 4 | 이석범
- 541 제주 전설 5 | 이석범
- 542 제주 민담 | 이석범
- 543 서양의 명장 | 박기련
- 544 동양의 명장 | 박기련
- 545 루소, 교육을 말하다 | 고봉만 · 황성원
- 546 철학으로 본 앙트러프러너십 | 전인수
- 547 예술과 앙트러프러너십 | 조명계
- 548 예술마케팅 | 전인수
- 549 비즈니스상상력 | 전인수
- 550 개념설계의 시대 | 전인수
- 551 미국 독립전쟁 | 김형곤
- 552 미국 남북전쟁 | 김형곤
- 553 초기불교 이야기 | 곽철환
- 554 한국가톨릭의 역사 | 서정민
- 555 시아 이슬람 | 유흥태
- 556 스토리텔링에서 스토리두잉으로 | 윤주
- 557 백세시대의 지혜 | 신현동
- 558 구보 씨가 살아온 한국 사회 | 김병희
- 559 정부광고로 보는 일상생활사 | 김병희
- 560 정부광고의 국민계몽 캠페인 | 김병희
- 561 도시재생이야기 | 윤주
- 562 한국의 핵무장 | 김재엽
- 563 고구려 비문의 비밀 | 정호섭
- 564 비슷하면서도 다른 한중문화 | 장범성
- 565 급변하는 현대 중국의 일상 | 장시,리우린,장범성
- 566 중국의 한국 유학생들 | 왕링윈, 장범성
- 567 밥 딜런 그의 나라에는 누가 사는가 | 오민석
- 568 언론으로 본 정부 정책의 변천 | 김병희
- 569 전통과 보수의 나라 영국 1–영국 역사 | 한일동
- 570 전통과 보수의 나라 영국 2–영국 문화 | 한일동
- 571 전통과 보수의 나라 영국 3–영국 현대 | 김언조
- 572 제1차 세계대전 | 윤형호
- 573 제2차 세계대전 | 윤형호
- 574 라벨로 보는 프랑스 포도주의 이해 | 전경준
- 575 미셸 푸코, 말과 사물 | 이규현
- 576 프로이트, 꿈의 해석 | 김석
- 577 왜 5왕 | 홍성화
- 578 소가씨 4대 | 나행주
- 579 미나모토노 요리토모 | 남기학
- 580 도요토미 히데요시 | 이계황
- 581 요시다 쇼인 | 이희복
- 582 시부사와 에이이치 | 양의모
- 583 이토 히로부미 | 방광석
- 584 메이지 천황 | 박진우
- 585 하라 다카시 | 김영숙
- 586 히라쓰카 라이초 | 정애영
- 587 고노에 후미마로 | 김봉식
- 588 모방이론으로 본 시장경제 | 김진식
- 589 보들레르의 풍자적 현대문명 비판 | 이건수
- 590 원시유교 | 한성구
- 591 도가 | 김대근
- 592 춘추전국시대의 고민 | 김현주

오스만제국 지중해의 세 번째 패자

펴낸날	초판 1쇄 2007년 4월 30일 초판 5쇄 2021년 3월 31일
지은이	진원숙
펴낸이	심만수
펴낸곳	㈜살림출판사
출판등록	1989년 11월 1일 제9-210호
주소	경기도 파주시 광인사길 30
전화	031-955-1350 팩스 031-624-1356
홈페이지	http://www.sallimbooks.com
이메일	book@sallimbooks.com
ISBN	978-89-522-0638-1 04080 978-89-522-0096-9 04080(세트)

※ 값은 뒤표지에 있습니다.
※ 잘못 만들어진 책은 구입하신 서점에서 바꾸어 드립니다.

함께 읽으면 좋은 책

역사 · 문명

085 책과 세계

강유원(철학자)

책이라는 텍스트는 본래 세계라는 맥락에서 생겨났다. 인류가 남긴 고전의 중요성은 바로 우리가 갈 수 없는 세계를 글자라는 매개를 통해서 우리에게 생생하게 전해 주는 것이다. 이 책은 역사라는 시간과 지상이라고 하는 공간 속에 나타났던 텍스트를 통해 고전에 담겨진 사회와 사상을 드러내려 한다.

056 중국의 고구려사 왜곡 `eBook`

최광식(고려대 한국사학과 교수)

중국의 고구려사 왜곡의 숨은 의도와 논리, 그리고 우리의 대응 방안을 다뤘다. 저자는 동북공정이 국가 차원에서 진행되는 정치적 프로젝트임을 치밀하게 증언한다. 경제적 목적과 영토 확장의 이해관계 등이 복잡하게 얽혀 있는 동북공정의 진정한 배경에 대한 설명, 고구려의 역사적 정체성에 대한 문제, 고구려사 왜곡에 대한 우리의 대처방법 등이 소개된다.

291 프랑스 혁명 `eBook`

서정복(충남대 사학과 교수)

프랑스 혁명은 시민혁명의 모델이자 근대 시민국가 탄생의 상징이지만, 그 실상을 아는 사람은 많지 않다. 프랑스 혁명이 바스티유 습격 이전에 이미 시작되었으며, 자유와 평등 그리고 공화정의 꽃을 피기 위해 너무 많은 피를 흘렸고, 혁명의 과정에서 해방과 공포가 엇갈리고 있었다는 등의 이야기를 통해 프랑스 혁명의 실상을 소개한다.

139 신용하 교수의 독도 이야기 `eBook`

신용하(백범학술원 원장)

사학계의 원로이자 독도 관련 연구의 대가인 신용하 교수가 일본의 독도 영토 편입문제를 걱정하며 일반 독자가 읽기 쉽게 쓴 책. 저자는 역사적으로나 국제법상으로 실효적 점유상으로나, 어느 측면에서 보아도 독도는 명백하게 우리 땅이라고 주장하며 여러 가지 역사적인 자료를 제시한다.

역사·문명

144 페르시아 문화   eBook

신규섭(한국외대 연구교수)

인류 최초 문명의 뿌리에서 뻗어 나와 아랍을 넘어 중국, 인도와 파키스탄, 심지어 그리스에까지 흔적을 남긴 페르시아 문화에 대한 개론서. 이 책은 오랫동안 베일에 가려 있던 페르시아 문명을 소개하여 이슬람에 대한 편견과 오해를 바로 잡는다. 이태백이 이란계였다는 사실, 돈황과 서역, 이란의 현대 문화 등이 서술된다.

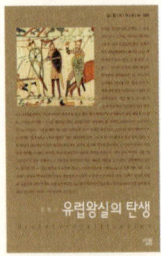

086 유럽왕실의 탄생

김현수(단국대 역사학과 교수)

인류에게 '예술과 문명' 그리고 '근대와 국가'라는 개념을 선사한 유럽왕실. 유럽왕실의 탄생배경과 그 정체성은 무엇인가? 이 책은 게르만의 한 종족인 프랑크족과 메로빙거 왕조, 프랑스의 카페 왕조, 독일의 작센 왕조, 잉글랜드의 웨섹스 왕조 등 수많은 왕조의 출현과 쇠퇴를 통해 유럽 역사의 변천을 소개한다.

016 이슬람 문화

이희수(한양대 문화인류학과 교수)

이슬람교와 무슬림의 삶, 테러와 팔레스타인 문제 등 이슬람 문화 전반을 다룬 책. 저자는 그들의 멋과 가치관을 흥미롭게 설명하면서 한편으로 오해와 편견에 사로잡혀 있던 시각의 일대 전환을 요구한다. 이슬람교와 기독교의 관계, 무슬림의 삶과 낭만, 이슬람 원리주의와 지하드의 실상, 팔레스타인 분할 과정 등의 내용이 소개된다.

100 여행 이야기   eBook

이진홍(한국외대 강사)

이 책은 여행의 본질 위를 '길거리의 철학자'처럼 편안하게 소요한다. 먼저 여행의 역사를 더듬어 봄으로써 여행이 어떻게 인류 역사의 형성과 같이해 왔는지를 생각하고, 다음으로 여행의 사회학적·심리학적 의미를 추적함으로써 여행에 어떤 의미를 부여할 것인가에 대해 말한다. 또한 우리의 내면과 여행의 관계 정의를 시도한다.

역사·문명

293 문화대혁명 중국 현대사의 트라우마 eBook

백승욱(중앙대 사회학과 교수)

중국의 문화대혁명은 한두 줄의 정부 공식 입장을 통해 정리될 수 없는 중대한 사건이다. 20세기 중국의 모든 모순은 사실 문화대혁명 시기에 집약되어 있다고 해도 과언이 아니다. 사회주의 시기의 국가·당·대중의 모순이라는 문제의 복판에서 문화대혁명을 다시 읽을 필요가 있는 지금, 이 책은 문화대혁명에 대한 안내자가 될 것이다.

174 정치의 원형을 찾아서 eBook

최자영(부산외국어대학교 HK교수)

인류가 걸어온 모든 정치체제들을 매우 짧은 기간 동안 시험하고 정비한 나라, 그리스. 이 책은 과두정, 민주정, 참주정 등 고대 그리스의 정치사를 추적하고, 정치가들의 파란만장한 일화 등을 소개하고 있다. 특히 이 책의 저자는 아테네인들이 추구했던 정치방법이 오늘 우리 사회가 당면한 문제를 해결할 수 있는 지혜의 발견에 도움을 줄 수 있을 것이라고 말한다.

420 위대한 도서관 건축순례 eBook

최정태(부산대학교 명예교수)

이 책은 도서관의 건축을 중심으로 다룬 일종의 기행문이다. 고대 도서관에서부터 21세기에 완공된 최첨단 도서관까지, 필자는 가능한 많은 도서관을 직접 찾아보려고 애썼다. 미처 방문하지 못한 도서관에 대해서는 문헌과 그림 등 가능한 많은 정보를 수집하려 노력했다. 필자의 단상들을 함께 읽는 동안 우리 사회에서 도서관이 차지하는 의미에 대해 다시 생각하게 된다.

421 아름다운 도서관 오디세이 eBook

최정태(부산대학교 명예교수)

이 책은 문헌정보학과에서 자료 조직을 공부하고 평생을 도서관에 몸담았던 한 도서관 애찬가의 고백이다. 필자는 퇴임 후 지금까지 도서관을 돌아다니면서 직접 보고 배운 것이 40여 년 동안 강단과 현장에서 보고 얻은 이야기보다 훨씬 많았다고 말한다. '세계 도서관 여행 가이드'라 불러도 손색없을 만큼 풍부하고 다채로운 내용이 이 한 권에 담겼다.

역사 · 문명

eBook 표시가 되어있는 도서는 전자책으로 구매가 가능합니다.

016 이슬람 문화 | 이희수
017 살롱문화 | 서정복 eBook
020 문신의 역사 | 조현설 eBook
038 헬레니즘 | 윤진
056 중국의 고구려사 왜곡 | 최광식 eBook
085 책과 세계 | 강유원
086 유럽왕실의 탄생 | 김현수 eBook
087 박물관의 탄생 | 전진성 eBook
088 절대왕정의 탄생 | 임승휘 eBook
100 여행 이야기 | 이진홍 eBook
101 아테네 | 장영란 eBook
102 로마 | 한형곤 eBook
103 이스탄불 | 이희수 eBook
104 예루살렘 | 최창모 eBook
105 상트 페테르부르크 | 방일권 eBook
106 하이델베르크 | 곽병휴 eBook
107 파리 | 김복래 eBook
108 바르샤바 | 최건영 eBook
109 부에노스아이레스 | 고부안 eBook
110 멕시코 시티 | 정혜주 eBook
111 나이로비 | 양철준 eBook
112 고대 올림픽의 세계 | 김복희 eBook
113 종교와 스포츠 | 이창익
115 그리스 문명 | 최혜영
116 그리스와 로마 | 김덕수 eBook
117 알렉산드로스 | 조현미
138 세계지도의 역사와 한반도의 발견 | 김상근 eBook
139 신용하 교수의 독도 이야기 | 신용하
140 간도는 누구의 땅인가 | 이성환
143 바로크 | 신정아
144 페르시아 문화 | 신규섭
150 모던 걸, 여우 목도리를 버려라 | 김주리 eBook
151 누가 하이카라 여성을 데리고 사누 | 김미지 eBook
152 스위트 홈의 기원 | 백지혜 eBook
153 대중적 감수성의 탄생 | 강심호 eBook
154 에로 그로 넌센스 | 소래섭 eBook
155 소리가 만들어낸 근대의 풍경 | 이승원 eBook
156 서울은 어떻게 계획되었는가 | 염복규 eBook
157 부엌의 문화사 | 함한희
171 프랑크푸르트 | 이기식 eBook

172 바그다드 | 이동은 eBook
173 아테네인 스파르타인 | 윤진
174 정치의 원형을 찾아서 | 최자영
175 소르본 대학 | 서정복
187 일본의 서양문화 수용사 | 정하미
188 번역과 일본의 근대 | 최경옥
189 전쟁국가 일본 | 이성환
191 일본 누드 문화사 | 최유경
192 주신구라 | 이준섭
193 일본의 신사 | 박규태
220 십자군, 성전과 약탈의 역사 | 진원숙
239 프라하 | 김규진
240 부다페스트 | 김성진 eBook
241 보스턴 | 황선희
242 돈황 | 전인초 eBook
249 서양 무기의 역사 | 이내주
250 백화점의 문화사 | 김인호
251 초콜릿 이야기 | 정한진
252 향신료 이야기 | 정한진
259 와인의 문화사 | 고형욱
269 이라크의 역사 | 공일주
283 초기 기독교 이야기 | 진원숙
285 비잔티제국 | 진원숙
286 오스만제국 | 진원숙
291 프랑스 혁명 | 서정복 eBook
292 메이지유신 | 장인성
293 문화대혁명 | 백승욱
294 기생 이야기 | 신현규
295 에베레스트 | 김법모 eBook
296 빈 | 인성기 eBook
297 발트3국 | 서진석 eBook
298 아일랜드 | 한일동
308 홍차 이야기 | 정은희 eBook
317 대학의 역사 | 이광주
318 이슬람의 탄생 | 진원숙
335 고대 페르시아의 역사 | 유흥태
336 이란의 역사 | 유흥태
337 에스파한 | 유흥태
342 다방과 카페, 모던보이의 아지트 | 장유정
343 역사 속의 채식인 | 이광조

371 대공황 시대 | 양동휴 eBook
420 위대한 도서관 건축순례 | 최정태
421 아름다운 도서관 오디세이 | 최정태 eBook
423 서양 건축과 실내 디자인의 역사 | 천진희
424 서양 가구의 역사 | 공혜원 eBook
437 알렉산드리아 비블리오테카 | 남태우
439 전통 명품의 보고, 규장각 | 신병주 eBook
443 국제난민 이야기 | 김철민 eBook
462 장군 이순신 | 도현신 eBook
463 전쟁의 심리학 | 이윤규
466 한국무기의 역사 | 이내주 eBook
486 대한민국 대통령들의 한국경제 이야기 1 | 이장규 eBook
487 대한민국 대통령들의 한국경제 이야기 2 | 이장규 eBook
490 역사를 움직인 중국 여성들 | 이양자 eBook
493 이승만 평전 | 이주영
494 미군정시대 이야기 | 차상철
495 한국전쟁사 | 이희진 eBook
496 정전협정 | 조성훈 eBook
497 북한 대남침투도발사 | 이윤규 eBook
510 요하 문명(근간)
511 고조선왕조실록(근간)
512 고구려왕조실록 1(근간)
513 고구려왕조실록 2(근간)
514 백제왕조실록 1(근간)
515 백제왕조실록 2(근간)
516 신라왕조실록 1(근간)
517 신라왕조실록 2(근간)
518 신라왕조실록 3(근간)
519 가야왕조실록(근간)
520 발해왕조실록(근간)
521 고려왕조실록 1(근간)
522 고려왕조실록 2(근간)
523 조선왕조실록 1 | 이성무 eBook
524 조선왕조실록 2 | 이성무 eBook
525 조선왕조실록 3 | 이성무 eBook
526 조선왕조실록 4 | 이성무 eBook
527 조선왕조실록 5 | 이성무 eBook
528 조선왕조실록 6 | 편집부 eBook

㈜**살림출판사**
www.sallimbooks.com
주소 경기도 파주시 문발동 522-1 | 전화 031-955-1350 | 팩스 031-955-1355